$$Y^2$$
$$\text{C.}$$

MÉMOIRES
SECRETS ET INÉDITS
SUR LES COURS DE FRANCE
AUX
XVe, XVIe, XVIIe ET XVIIIe SIÈCLES.

IMPRIMERIE DE LACHEVARDIERE,
RUE DU COLOMBIER, N. 30, A PARIS.

MÉMOIRES

DE

GABRIELLE D'ESTRÉES.

TOME DEUXIÈME.

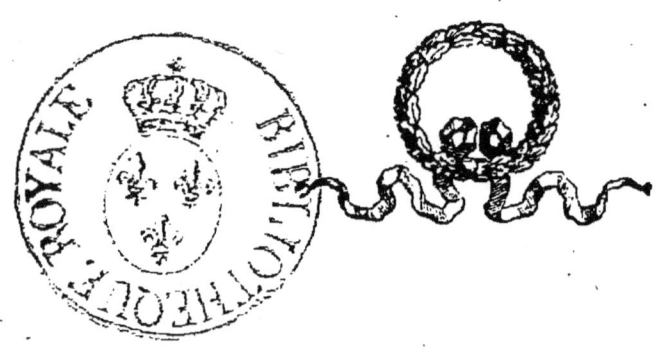

PARIS,

Mame et Delaunay-Vallée, Libraires,

RUE GUÉNÉGAUD, N° 25.

1829.

MÉMOIRES
DE
GABRIELLE D'ESTRÉES.

CHAPITRE PREMIER.

C'était le roi. — Finesse de la petite Françoise d'Estrées. — Interprétation. — Résolution de Gabrielle. — Le roi et Bellegarde. — Prédiction de Périnet. — Divination poétique. — Deux vers de Ronsard. — Louison, chambrière de Gabrielle. — Ses ruses. — Le balcon. — Henri IV à genoux. — La ceinture d'épée. — Larcin d'amant. — Devise de Valentine de Milan. — Promesses réciproques. — La lettre de Bellegarde. — Adieux. — Panégyrique de la femme par le mari. — Interruption. — Présence d'esprit de Louison. — La femme forte. — Le grand nez. — Jalousie de Bellegarde. — Justification de Gabrielle. — Promesses réciproques. — Que faire? — Le roi à Saint-Quentin. — Noble refus de Périnet. — Louison désintéressée. — Tentatives d'Henri IV. — L'embûche manquée. — Porte close. — Henri IV au château de Cœuvres. — Réception qu'on lui fait. — La toilette d'une femme. — Henri IV dans la chambre de Gabrielle. — Le beau parleur. — Attaque et résistance. — Au feu! — Ruse de Périnet. — Invocation à la médecine. — Nouveaux débats. — Les promesses de mariage. — Les harangueurs. — Le *chevalier bannal*. — Résolution de Gabrielle. — Questions indiscrètes. — Projets. — Les départs.

La nouvelle que me donna notre sœur Françoise, touchant le roi déguisé en Espagnol, me fit grandement réfléchir, et je me persuadai sans peine que c'était vérité ; car je me souvins avoir vu le roi Henri d'une fenêtre lors de l'assassinat du feu roi Henri troisième; et ce maître nez, comme aussi cette bonne physionomie, me fut un indice assez certain.

« Êtes-vous insensée, dis-je toutefois à ma sœur, de penser sans rire que Sa Majesté vêtirait le manteau espagnol et porterait la santé de la Ligue ?

» — Je ne suis non plus aveugle ni folle, et c'est le même qui vint à Cœuvres il y a cinq mois, cependant que M. de Mayenne occupait la logette des pourceaux, sauf le respect que nous lui gardons.

» — Ta mémoire est en défaut, petite, ou tu dis cela par ris.

» — Encore un coup, madame ma sœur, je vois clair en bien des choses.

» — Hé! que vois-tu donc, je te prie?

» — Rien, sinon que le roi n'est pas venu céans pour le plaisir de jouer l'hidalgo et le ligueur.

» — Si le seigneur don Juan était le roi, le cas me semblerait étrange.

» — Il est patent que le roi est fort assidu courtisan des dames, et sa visite à Cœuvres n'a besoin d'autre motif.

» — Merci de Dieu! Françoise, le roi Henri a bien affaire de pauvres demoiselles comme nous.

» — Je m'estime un tantinet plus que vous faites, madame ma sœur, et m'est avis que le roi, ce dit-on, empêché après des meunières ne saurait dédaigner les filles de messire Antoine d'Estrées, marquis de Cœuvres et sieur de Valieu.

» — D'accord; mais Sa Majesté a bien autre martel en tête.

» — Oui bien; aussi a-t-il au cœur piqûre amoureuse pour vous ou moi.

» — Bon! ne connaît-il mon amour avec Bellegarde, qui me doit épouser?

» — N'est-ce que cela? petit obstacle à vaincre; mais de la façon dont il m'a baisée à la bouche, je croirais qu'il vise à mon but.

» — Ma chère Françoise, ne tenez ces propos frivoles à nos sœurs, elles vous feraient la figue et vous renverraient à l'école.

» — L'effet montrera qui de nous deux a raison en cette créance. »

Je n'en croyais pas moins pour ma part sans en rien laisser paraître, et mille particularités en gestes, paroles et regards me confirmèrent en mes soupçons trop mieux que n'avait fait le dire de Françoise. Par-dessus tout, le gros baisement qui avait commencé la danse n'était pour s'arrêter à si peu. Beaucoup de filles en mon lieu auraient congratulé leur destin à cause de l'amour d'un roi, qui n'est pas donné à toutes; certainement je fus marrie de cet heur, et m'en apitoyai jusqu'aux larmes; car j'aimais sans feintise M. de Bellegarde, comme s'il fût déjà mon époux en face de l'église notre mère. De fait, le parallèle entre le roi et le grand-écuyer était chose impossible et ridicule. Sa Majesté (je ne puis mentir sur ce point qui est à la portée de tous) n'a pas les airs et les mignardises d'un muguet de cour; outre que son grand nez gâterait un plus beau visage que n'est le sien. Pour ce qui est de Bellegarde, en beauté, taille, grâces et charmes de la personne, il n'a son pareil, ce qu'à présent je n'envie à madame sa femme. Donc je ne fis pas d'effort pour persévérer d'aimer Bellegarde de préférence au roi. J'ai honte de dire qu'il n'imita cette loyauté, le méchant! et qu'il prit ma rivale aux rangs de la Ligue. Il a dit depuis avoir ainsi fait par jalousie du roi; mais n'était-ce de ma part assez méritoire que de résister aux sollicitations, lettres, présents et amour d'un tant magnanime prince? Finablement je me déterminai à fermer tout espoir à ce royal poursuivant, et m'y employai un peu bien inhumainement. Bellegarde est l'auteur de ce qui est arrivé.

Périnet ayant à mon égard consulté les influences des étoiles, feuilleté ses livres et grimoires, vint à moi plus joyeux que s'il eût découvert la pierre philosophale.

« Madame, cria-t-il de loin, vous serez reine de France!

» — M. de Bellegarde sera donc roi aussi ? répondis-je d'un visage austère.

» — Qu'est-ce à dire, madame ? M. de Bellegarde restera votre grand-écuyer.

» — Je l'entends de cette sorte : après notre mariage.

» — Oh bien ! il vous faut tourner vos pensées plus haut.

» — Il ne me plaît à moi, et nargue de vos prophéties !

» — Je n'ai rien inventé qui ne soit écrit aux astres, et votre ascendant, madame, sera plus fort et invincible que votre vouloir.

» — A Dieu ne plaise ! Périnet ; je ne vois de meilleur sort que d'être madame de Bellegarde.

» — Je vous en estime davantage de parler si modestement, mais bon gré malgré vous irez aux honneurs, et serez pour beaucoup un objet d'envie.

» — Vraiment, mon cher Périnet, je ne souhaite rien au-delà du sort que j'ai entre les mains·

» — Madame, je ne fis onc des sorts, mais

j'excelle à les voir de plus loin qu'il se peut.

» — Me veux-tu rendre témoin et assurée de quelque expérience ?

» — Une bien chanceuse et non souvent maniée ?

» — Laquelle ?

» — La divination poétique : jadis on présageait l'avenir par les vers d'Homère et de Virgile, car il est aux bons vers une vertu latente et sacrée.

» — Voilà ci un tome des poésies de feu Ronsard qui ne le cède à Homère et Virgile.

» — Le livre fermé, je l'ouvre à l'aventure et les deux premiers vers rimés du haut de la page qui s'offriront doivent éclairer vos doutes touchant votre illustre destinée future.

» — J'ai ferme foi que Ronsard, prince des poètes, ne voudra m'affliger après m'avoir réjouie de ses rimes tant et tant de fois.

» — Voyez et lisez l'arrêt :

Ainsi je lui demande, et ainsi la déesse
Me répond à son tour : Ami, je suis Promesse.

Par le système planétaire ! l'oracle ne pouvait

se montrer plus apertement, et toute explication serait superflue.

» — Promettre est bon; tenir vaux mieux. »

Je ne fus ébranlée aucunement de ce présage, et me recommandai de nouveau à mon bon ange gardien.

J'avais une chambrière nommée Louison que m'avais donnée M. le chevalier d'Aumale, et laquelle pratiquait mon amitié; elle était jeune et gentille quand elle vint à mon service; je ne sais comme elle fit pour s'enlaidir depuis; mais de plus fine et intrigante, je vous défie d'en rencontrer la moitié d'une. Cette fille, que j'ai mariée à Rousse, valet de Bellegarde, des faits duquel elle devint grosse, m'est demeurée incessamment loyale et dévouée. Pourtant je lui gardai long-temps rancune d'avoir conduit la passion de Henri plutôt que de la chasser et empêcher; elle usa de ce moyen malhonnête pour gagner gros et arrondir sa boursette : d'autre part, comme on m'a rapporté, elle a tiré de bons profits qu'elle a sur la conscience. N'importe; on me veut induire à congédier Louison, qui m'est plus utile que trois chambrières; aussi bien ce qu'elle sait de moi me la rend plus chère.

Le lendemain de la venue du roi, au soir, Louison m'aborda dans le temps que je brodais une ceinture d'épée pour Bellegarde.

« Madame, fit-elle, vous n'avez été à l'air d'aujourd'hui; viendrez-vous pas voir coucher le soleil, du balcon qui regarde la campagne?

» — Nenni, ma fille, j'ai de la besogne plus pressée, et cette broderie est quasi faite.

» — Au balcon d'en haut, madame, rien ne vous distrairait de votre ouvrage.

» — Le froid est âpre par le mois de novembre.

» — D'ordinaire; mais la journée fut si belle que le vent semble tiède.

» — Or donc allons; aussi bien je pourrai au lointain aviser les cornettes de l'armée royale, où est M. de Bellegarde. »

Je fus à peine au balcon, d'où je suivais de l'œil les nues empourprées par le couchant, que tout soudain un bruit parti d'en bas me fit baisser mes regards, et au-dessous du balcon je vis sur le parapet du fossé le roi à deux genoux comme s'il eût fait sa prière. Il avait quitté les habits espagnols, et n'était guère mieux vêtu qu'un mousquetaire.

« Vrai Dieu! belle des belles, dit-il, considérez qui veut vivre et mourir à vos pieds.

» — Sire, me récriai-je, remontez à cheval et appelez vos gens; car les ligueurs rodent là autour.

» — Me vienne surprendre et mettre à mal Espagnols et ligueurs, si vous m'êtes cruelle au point de me dénier un regard et un mot de pitié!

» — Sire, je ne me pardonnerais onc d'être cause innocente de quelque malheur.

» — En le cas, belle Gabrielle, me veuillez écouter.

» — Il le faut, sire, puisque vous me l'ordonnez; mais avant tout remettez-vous en selle. »

Son cheval broutait l'herbe à quelques pas;

le roi monta dessus sans qu'on lui tînt l'étrier et recommença l'entretien à mon grand déplaisir, car je sentais une belle peur qu'aucun me vît à ce rendez-vous; des pleurs m'en tombèrent des yeux; mais du mouvement que je fis pour les essuyer, la ceinture que je brodais s'échappa de mes mains, voltigea par l'air au caprice du vent, et, sauvée de l'eau bourbeuse du fossé, chut de manière qu'elle embéguina le roi, qui s'écria :

« Ventresaintgris! qu'est-ce cela?

» —Pardon, sire, mon ouvrage, que j'achevais, s'en est allé au vent.

» —Ce qui choit dans le fossé est le bien du soldat, ma mie; je vous paierai ce trésor de tous les miens.

» —Ne raillez point, sire, ceci est une écharpe à broder pour M. de Bellegarde.

» —Vive Dieu! il est trop plus heureux que moi, et je lui vole sans remords cette belle ceinture, que je n'aurai cesse de baiser, vu qu'elle fut touchée de vos doigts mignons.

» —Sire, rendez-la; elle est promise à M. de

Bellegarde, qui certes me la redemandera.

» —Vous répondrez que, à l'imitation de madame Pénélope, vous avez défait la nuit le travail de la journée.

» —Il ne me croira, et croira cent fois pis.

» —Je consens à tout, sinon à vous la rendre, et toute mon épargne en serait un prix indigne.

» —Sire, je lui dirai vérité, et me plaindrai de votre larcin.

» —Faites ainsi ; mais toujours je porterai dessus mon cœur cette ceinture, qui me fera vaincre en l'honneur de ma belle.

» —Sire, qui est votre belle à cette heure?

» —Toutes les plus nobles dames voudraient l'être, que je répondrais comme Jésus-Christ fit à Marthe dans l'Évangile : Gabrielle a cette place, et nulle ne la lui ôtera.

» —Sire, cette place, je ne l'ai point élue.

» —Oui, ma chère mie, veuillez l'accepter, et je prendrai pour devise plus à propos que madame Valentine d'Orléans : *Plus ne m'est rien ; rien ne m'est plus.*

»—Non, sire, M. de Bellegarde a ma foi et mon amour; M. de Bellegarde m'épousera.

»—Ne t'y fie point, ma belle : M. le grand-écuyer vise où il sied mieux à son ambition.

»—C'est mal à vous, sire, de me faire douter de Bellegarde qui m'aime si copieusement qu'il n'est son égal au monde.

»—Ma fille, j'ai maintes raisons de penser ce que j'avance, et sur ce, je vous supplie de vous laisser aimer tant seulement par moi jusqu'à ce que M. de Bellegarde vous ait du tout délaissée.

»—Sire, j'ai bonne espérance que vous m'aimerez en vain, et Bellegarde ne vous quittera de sitôt la place.

»—Jurez donc que vous m'aimerez un peu quand vous aurez la preuve de l'inconstance du susdit.

»—Ah! par grâce, sire, la preuve de ce existerait, qu'il serait louable et généreux de me la céler, car j'en aurais trop de souci.

»—Aussi je vous jure, belle Gabrielle, que ce mystère ne viendra de ma part.

» —Sire, je sens un poignant regret de n'avoir été hier à Soissons, comme Bellegarde me le mandait.

» —Comment, ventresaintgris! qui vous mandait cela ?

» — Bellegarde, lequel sans doute prévoyait votre visite à Cœuvres, et n'imaginait rien de plus expédient pour la déjouer; il m'écrivit donc l'autre-hier au soir.

» — Me pourriez-vous confier cette épître dont je ne ferai mauvais usage, foi de gentilhomme ?

» —Madame, dit Louison, elle est toute ouverte près de votre miroir. »

L'adroite fille courut vitement la chercher, et la lança en bas, quasi sans attendre mon ordre là-dessus. De fait, je fus chagrine un peu après de voir cette lettre en des mains étrangères; et un moins homme d'honneur que le roi s'en pouvait servir contre moi.

» Sire, dis-je alors, la nuit se fait noire; je tremble qu'on ne vous voie du château; ma réputation en pâtirait.

» — Ah, Gabrielle ! penses-tu que je te quitte pour un long temps, et que je gémis de te quitter ?

» — Sire, hâtez-vous de ruer bas la Ligue et les Espagnols, nous rendrons à Dieu de belles actions de grâce.

» — Les vœux sortant de si fraîche bouche ne failliront d'être exaucés : quant à votre serviteur Henri, de savoir que votre divinité s'intéresse à son heur, ce lui sera un merveilleux talisman.

» — Adieu, sire ; que votre voyage et le retour soient prospères ; dites à Bellegarde combien je l'aime.

» —Ingrate, as-tu cœur à me navrer si cruellement ? Mais j'ai par devers moi un serment qui me console et m'aide à la patience.

» — Sire, ne me souhaitez ce bonheur affligeant pour une femme encline à l'honneur et vertu ; car si j'aime Bellegarde si fermement, c'est à cause qu'il m'a promis mariage.

» — Ventresaintgris ! la belle, possible est que je te promette autant.

» — Nenni, sire, un si grand roi que vous êtes ne saurait faire telle indignité, oublieux de son rang suprême; et d'ailleurs Votre Majesté a femme...

» — Oui, tout ainsi que j'ai la couronne. Cette catin de Marguerite (les deux noms tiennent l'un à l'autre comme de fil en aiguille), tient sa cour de rufienneries à son château d'Usson en Auvergne.

» — Sire, ne parlez si dru de madame Marguerite de France.

» — Vive Dieu ! fût-elle où sont ses frères ! je n'aurais l'ennui de me démarier.

» — Sire, je me retire en ma chambrette pour oublier en dormant les tentations que vous m'avez faites.

» — Ah, mignonne ! que si là-haut j'étais en votre compagnie, j'avancerais bien mes affaires. Adieu, ma reine, jusqu'à ma première lettre.

» — Sire, sire ! ne m'écrivez, ou je serais au désespoir. »

Le Roi me baisant et rebaisant par signes,

aurait volontiers poursuivi l'entretien tant que la nuit eût duré, quoique la bise soufflât un vent glacial, quand d'une fenêtre au-dessous de moi s'entendirent ces mots, auxquels répondit le roi en piquant son cheval :

« Saints et saintes! qui donc ainsi mène un rendez-vous d'amour au château de mes pères? Ma sœur Gabrielle, est-ce vous qui devisez de si grand courage?

» — Monseigneur, dit Louison à bas ton, ma maîtresse dort; ne l'éveillez pour si peu.

» — Or çà, vilaine, n'as-tu pas honte d'entretenir ainsi des galants?

» — N'ai pas cette témérité, monseigneur; mais un mien frère, qui est de l'armée royale, me saluait en passant.

» — Si tant est, que ne le faisais-tu entrer ici pour se repaître et reposer?

» — J'y pensais, monseigneur, mais votre brusque appel l'a mis en fuite.

» — Louison, ma mie, du frère à l'amant susdit il n'y a l'épaisseur d'un cheveu. »

Durant cette enquête je ne remuais ni soufflais. Louison ferma le balcon et s'occupa de me réconforter par de bonnes paroles.

« Ma fille, dis-je, la belle peur que j'ai eue ! Monsieur mon frère le clerc s'y connaît en galanteries.

» — Vrai Dieu ! madame, je ne m'étonne qu'à bon escient, et plus de vingt prêtres ou moines n'auraient de quoi me faire dire merci. »

Cette Louison est une femme de trempe masculine ; et récemment son confesseur l'ayant voulu forcer par pénitence, elle faillit, d'un couteau qui se rencontra sous sa main, en faire un Abélard. Ce pourquoi Henri l'a toujours eue en grande estime, disant : « Je fais autant de cas d'une femme en haut-de-chausses, que peu d'un homme en jupe. »

Je ne suis en cela du même avis, car femme est femme, homme est homme, et chaque chose en son lieu et place.

Je songeai la nuit que j'étais la bien-aimée du roi ; je pleurai au réveil à cause d'un grand nez qui me venait sans cesse à l'esprit. Peut-être cette horreur pour les gros et grands nez est causée par la petitesse du mien. Au demeurant, je me suis fort bien accoutumée à la personne du roi néanmoins, ou, dit maître Guillaume, *nez en plus ;* plaisante est l'équivoque. Le lendemain, dans l'après-dînée, vint Bellegarde en telle hâte que son cheval suait et fumait de fatigue. Il n'alla point saluer mes sœurs et monsieur mon frère; mais, sans se faire annoncer, il arriva droit à mon appartement et referma l'huis après être entré. Je remarquai sa face pâle et défaite, ses vêtements mal en point et son air marri.

« Roger, dis-je, qui vous jette en ce deuil et abattement?

» — Madame, reprit-il avec un sourd gémissement, quel traitement mérite une dame parjure et foi mentie?

» — Quel langage est ceci, mon cher Bellegarde?

» — Celui que doit tenir un amant inconsolé qui perd ce qu'il aime plus que la vie et tout.

» — Qui de nous deux est en son bon sens, mon cher Roger, vous ou moi?

» — Fausse et déloyale, hier, à la chute du jour, n'avez-vous reçu le roi Henri?

» — Où, s'il vous plaît?

» — En votre chambre, et possible est en votre lit.

» — Fi! Bellegarde, de si méchants soupçons ne veulent être éclairés.

» — Donc dites-moi ce qui en est, le faux et le vrai?

» — Hier, vraiment, au soleil couchant, moi étant à ce balcon, je vis en bas Sa Majesté qui m'arraisonna d'amourette.

» — Oui-dà! par la mordieu! que vous a-t-il conté?

» — Mille propos, et entre autres que je consentisse à l'aimer si un jour vous cessiez d'être fidèle, rompant tous vos serments à mon égard.

» — Cela est bel et bon, sang Dieu! mais l'écharpe que vous me brodiez pour soutenir mon épée?

» — Si elle est restée aux mains du roi, la faute ne peut m'en être imputée.

» — Oui, madame, je l'ai vue icelle ceinture que portait le roi Henri, et il m'a dit la tenir de vous.

» — C'est fausseté insigne, monsieur de Bellegarde ; et le roi ne peut me jeter en cet embarras contre toute vérité.

» — Le roi a dit que du temps qu'il vous parlait de ses tendresses ladite ceinture était chue de votre balcon, et que de vous la rendre il ne se soucia ; n'est-ce pas dire que vous lui avez octroyé ce qui m'était dû et promis ?

» — Je jure Dieu que la chose s'est passée aussi naïvement que disait le roi, et certes un vol n'est pas un don ; mal gré aussi n'a pas même sens que bon gré.

» —Dieu vous garde ! Gabrielle, si vos excuses sont franches et véritables ; mais la lettre écrite par moi aux fins de vous envoyer à Soissons ?

» — Quoi donc ! le roi en a-t-il fait trophée ?

» — Nenni ; je l'ai surprise en ses papiers et correspondances ; à son air je n'ai pu douter qu'il me rancunait.

» — Or sachez, monsieur de Bellegarde, que

Louison, en dépit de moi, a livré ladite lettre, et sans penser à mal; aussi bien n'ai-je pas fait mystère du séjour à Soissons auquel vous m'excitiez, je ne sais à quel effet.

» — Pour Dieu! aviez-vous la visière assez trouble pour n'apercevoir pas mon dessein?

» — Non, sur mon salut éternel! à moins que par jalousie vous avisassiez à ce pour détacher le roi de me voir?

» — Oui-dà! ma chère amie, et je voudrais, au prix de mon meilleur sang, que cette entrevue n'eût pas eu lieu.

» — Je m'en lave les mains, car vous seul m'avez mené ce faux Espagnol.

» — A contre-cœur, je vous atteste, d'autant que la gageure était de juger si vous étiez plus belle que la meunière d'Attichy.

» — A laquelle est demeurée la victoire?

» — Méchante, vous le demandez! Je vous ai maintes fois dit que la déesse Vénus en personne ne serait digne de délier les cordons de vos souliers.

— Adonc, sans plus de querelle, aimez-moi comme je vous aime.

» — Ce n'est pas moi, mais vous qui avez gagné la gageure contre Henri. »

Je le laissai faire, et il me mit au doigt un beau diamant étincelant et sans macule, lequel ornerait la mitre d'un pape. Henri me l'a ensuite racheté pour la somme de trois millions (1). Or donc Bellegarde se persuada que les torts n'étaient pas tant de mon côté, et finit par réclamer son pardon. Je ne lui tins rigueur, et dis :

» Bellegarde, jalousie sans cause empoisonne et corrompt l'amour.

» — Oui, vrai, ma belle; mais la distance du roi au duc de Bellegarde est trop contre moi.

» — Les appâts brillants ne sauraient prendre un cœur bien placé, et Bellegarde n'étant grand-

---

(1) Cette somme est nécessairement trop considérable; il y a erreur de la part de l'auteur ou du copiste.

(*Note de l'éditeur.*)

écuyer de Frsnce serait semblablement aimable et aimé.

» — J'en sais de plus grandes dames que vous, mais non si charmantes, lesquelles n'auraient rien de trop bon pour un roi de France et de Navarre.

» — Ainsi donc, mon très cher ami, faites de sorte que je n'aie sujet de vous changer, et cela en n'aimant point ailleurs.

» — Pour ma part, je vous prie de ne plus revoir Henri sous aucun prétexte, non que je doute tant soit peu de vous, mais parceque je le sais fort entreprenant.

» — Désirez-vous que je retourne à Paris, chez Zamet?

» — Non, de Carybde aller en Scylla, car M. le chevalier d'Aumale y est, qui vous fait les doux yeux, et n'arrêterait guère à se faire bienvenir de vous.

» — Mal vous prend, Roger, de montrer si fort les dents; donnez-vous garde d'être infidèle le moindrement, ou je me repentirais de vous trop bien aimer.

— La paix faite, ma mie, je vous épouse en bonne forme. Adieu vous dis pour un mois.

» — Où tend l'armée royale ?

» — Ce matin elle continue la poursuite du duc de Parme, et le roi va en passant recevoir les clefs de Saint-Quentin, qui nous ouvre ses portes.

» — Adieu. J'aurais moins de crainte si le roi s'éloignait plus. »

Bellegarde s'en alla non moins joyeux qu'il était venu triste ; il fit provision de baisers pour le temps de l'absence, et me réitéra ses prières de n'accorder audience au roi, qui se déclarait ouvertement son rival. Il avait le pied à l'étrier qu'il dit à Périnet là présent :

Mon petit Merlin, je t'offre une bourse pleine d'or ayant le poids et marqué au bon coin, si tu veux t'ingérer à ce que personne, homme ou femme, approche de madame Gabrielle.

» — Monsieur de Bellegarde, répondit Périnet mécontent, je ne suis, sauf votre respect, espie ni traître, et jusqu'au trépas j'accomplirai les commandements de mon honorée maîtresse.

» — Insolent! je te devrais balafrer la face de mon taillant, comme il advint au duc de Guise dit le Balafré.

» — Monseigneur, que je fusse seulement gentilhomme, jusqu'à tantôt, et je vous renverrais votre défi.

» — Monsieur de Bellegarde, fis-je en colère, Périnet, mon astrologue, n'a rien à démêler en vos espionnages, et je vous somme de lui avoir égard.

» — Louison, dit Bellegarde faisant sonner son escarcelle, puisque Périnet n'a que faire de mes écus, j'ai envie de guerdonner tes loyaux services.

» — A d'autres! répondit Louison; vous seriez le surintendant des finances ou l'argentier du roi, que je ne ferais pas plus de cas de vos dons et promesses à pareil prix.

» — Mieux vaut, monsieur de Bellegarde, m'écriai-je, vous fier à ma bonne foi qu'aux argus mâles ou femelles, eussent-ils trois fois cent yeux.

» — Ce n'est pas, Gabrielle, que j'appréhende un manque de foi ; mais, comme dit le roi, et le montre : Occasion fait le larron. »

J'avoue maintenant que Bellegarde, par sa défiance, s'attirait peine et malheur ; mais cette tyrannique jalousie enflammait tant et plus mon amour, qui ne s'éteignit qu'à force d'ennuis et perfidies. Je ne sens aucun regret de n'avoir épousé Bellegarde, qui se glorifie de changer de dames une fois par semaine ; malgré ce, je l'ai aimé comme on n'aima jamais dessus terre.

Peu de jours après sa départie, le roi chevaucha de Saint-Quentin jusqu'à Cœuvres en espérance de me voir ; mais je fis répondre par Périnet que j'étais occupée en un château voisin.

» — Ventresaintgris ! s'écria Henri, quand sera-t-elle de retour ?

» — Peut-être cejourd'hui, peut-être demain, dit Périnet feignant de ne pas reconnaître le roi à son habillement de gros drap de Frise.

» — Dites que je reviendrai tant que je la rencontre. »

Là-dessus, la joue ruisselante de pleurs, traversant le pont-levis, il fit signe à trois gentilshommes qui l'accompagnaient, et allait s'acheminer devers Saint-Quentin, quand Périnet lui dit en secret :

» Sire, au retour, déviez du chemin contre La Fère.

» — Pourquoi cet avis, mon fils? demanda le roi.

» — Pour votre sûreté, sire : en ces parages sont des ligueurs endiablés, et il ne leur coûterait d'entreprendre sur votre personne royale. »

Périnet voyait clairement par prévision, et Henri se trouva bien d'avoir profité du conseil, car au carrefour de la route qui mène à La Fère et à Saint-Quentin, cinquante arquebusiers étaient embuscadés pour tuer ou prendre le roi. Périnet le préserva de ce guet-apens, et toutefois ce danger ne corrigea Henri de venir à Cœuvres, où je persistai à me faire céler. Périnet avait toujours quelque prétexte à la main pour me faire absente. Finablement la quatrième fois que Sa Majesté venait sans me rencontrer, son mécontentement éclata contre ce pauvre Périnet, qui, pour suivre mes ordres, n'en pouvait mais.

» Vive Dieu! dit-il, monsieur le magicien, astrologue ou sorcier, tirez-moi de cette anxiété, et par votre art ou autrement me dites quand j'aurai l'heur de voir madame Gabrielle, non plus par ambassadeur.

» — Sire, reprit Périnet, je ne puis ce que je veux.

» — Or çà, mon maître, la demoiselle d'Estrées serait-elle céans d'aventure?

» — Sire, ses sœurs et monsieur son frère vous feront non moins honnête réception à son défaut.

» — Cordieu! ta science, compère, ne fut pas tant discrète lorsqu'il s'est agi de me sauver d'une embûche de ligueurs. Je m'en vais tout de ce pas requérir madame Gabrielle qu'elle me veuille recevoir. »

Ce disant, il ordonna à ceux de sa suite de se tenir devant la poterne et le long des fossés, et entra à cheval en la cour du château, où vers lui accourut Françoise avec des cris de vive le roi! vive notre bon sire!

» — Fais silence, ma petite, dit le bon prince; on te croirait insensée, car ici je ne vois ombre de roi.

» — Vous ne m'en donnerez à garder, sire; le roi a vraiment une de ces majestueuses figures qu'on ne peut mettre en oubli après la première vue.

» — Vive Dieu! l'enfant, tu entends mon nez, qui n'a pas son égal en mes États de France et de Navarre, de sorte que je suis réellement le *roi des nez.* »

J'eus un déplaisir mortel de savoir le roi au château, et je m'enserrai en ma chambre. Cependant monsieur mon frère, mes autres sœurs, Diane et Julienne, réjouis de cette bonne nouvelle, venaient saluer le roi, qui les baisait, ce pensais-je, pour l'amour de moi.

» Sire, dit M. Annibal d'Estrées, quels lacs

vous nous avez tendus en nous visitant sous le nom et l'apparence d'un Espagnol! De fidèles sujets et serviteurs avaient droit à votre noble confiance.

» — Monsieur d'Estrées, reprit le roi, qui vous a révélé cette momerie dont je me suis amusé?

» — C'est moi, sire, s'écria Françoise, qui n'étais pas dupe, et n'avais pas assez d'yeux pour vous admirer.

» — Mes belles demoiselles, dit le roi, n'étais-je pas un fier ligueur espagnolisé?

» — Votre Majesté, repartit Diane, grâce à nous, n'a pas porté une santé à la Ligue.

» — Toutes santés bues à si méchante cause, dit M. Annibal, ne profiteraient qu'à sa ruine.

» — Merci Dieu! interrompit le roi, je suis inquiet de votre sœur madame Gabrielle, qu'on dit en voyage.

» — Qui ment si serré? répondit Françoise, soit naïveté, soit malice; notre sœur depuis sa sortie de Paris est de retour à Cœuvres.

» — Que vous en semble, sire astrologue,

dit Henri à Périnet, qui riait sous cape en virant sa baguette entre ses doigts.

» — Pour mieux prouver l'absence de Gabrielle, ajouta Françoise, je m'en vais la querir moi-même, pour qu'elle ait l'honneur de saluer Votre Majesté.

» — Où donc est-elle? en oraison ou bien à sa toilette?

» — M'est avis, répondit Julienne, qu'elle s'habille de son mieux comme la reine de Saba, pour l'emporter d'autant sur ses sœurs.

» — Dis, petite, fit le roi parlant à Françoise, me voudrais-tu mener en sa chambre?

» — Sire, reprit M. Annibal d'Estrées, notre sœur ne vaut le cas que vous en daignez faire.

» — Ventresaintgris! monsieur, un roi doit être sujet et serviteur des dames. »

Françoise mena donc Sa Majesté par les montées et les galeries, et par respect il ne fut suivi d'aucun et d'aucune; seulement mon frère dit demi-haut: « Dieu me pardonne! mais le roi en veut à notre sœur Gabrielle! M. de Bellegarde, à son mariage, possible est ne trouvera la pie au nid. On résiste au péché, mais non à un roi de France. » Louison m'avait avertie de la venue que j'appréhendais et refuyais. Mon idée fut de partir à cheval d'un côté, tandis que le roi irait de l'autre; mais Périnet, à qui je mandai ceci, me fit réponse que le pont-levis était gardé par la suite de Sa Majesté, et que sortir du château n'était pas chose aisée. Donc je me résignai, et à tout évènement me vêtis de mes plus beaux accoutrements, quand Françoise heurta à l'huis, ce disant :

« Madame ma sœur, voici Sa Majesté qui a souhaité vous voir plus tôt que plus tard.

» —Ma belle demoiselle, reprit le roi, j'ai préféré être importun que de vous croire partie et absente. »

Cependant, cachée en un coin de l'alcôve, je ne répondais ni ne voulais répondre.

« Certainement, dit Françoise, notre sœur est céans, et, j'imagine, non encore vêtue en état de se montrer.

» —Madame, repartit Henri, un mot de votre

bouche qui dise d'attendre et d'espérer, je prendrai patience.

» — Sire, cria Louison contre mon ordre, ma maîtresse vous prie d'excuser le temps que j'agrafe sa gorgerette.

» — Faites, dit le roi se promenant sur le pallier, je penserai à elle ce pendant. »

Après cette promesse d'ouvrir, il n'était pas loisible de tenir la porte close. Henri depuis m'assura qu'il l'eût jetée en dedans si j'avais fait le semblant d'un siége. Louison alla introduire le roi, qui, pour premier soin, renvoya honnêtement Françoise et Louison, lesquelles demeurèrent pour écouter par les fentes de la porte ce qui aboutirait du tête-à-tête.

» — Sire ! m'exclamai-je, qu'aviez-vous affaire de nous enfermer ici comme merles en cage ?

» — C'est afin, dit-il s'approchant de moi qui tremblais, de parler à vous de bouche et de cœur.

» — Ah ! sire, j'ai peur quand je me vois

seule avec un homme, à plus forte raison avec un si grand roi.

» — Vive Dieu ! un roi n'est-il pas homme, et parfois moins qu'homme ; ce qui ne vise à ma personne.

» — Sire, volontiers je vous crois plus qu'homme ; mais, par grâce, allons retrouver en bas mes sœurs et frère.

» — Non, foi de gentilhomme ! la belle ; je vous veux punir d'avoir feint tantôt une départie, tantôt un pèlerinage pour me distraire de mes visites.

» — Sire, je confesserai que j'ai mal agi à votre égard ; mais ne me tenez de cette sorte à me rompre les os de la main.

» — Oui, mignonne, si votre astrologue ne m'avait fait la vie sauve, je le châtierais grièvement pour s'être interposé, lui menteur, entre vous et moi.

» — Sire, je vous prie, ne me baisez au visage avec tant de zèle, de peur que Bellegarde n'en voie les traces.

» — Ventresaintgris! qui t'a donné ce beau diamant de ma couronne?

» — Bellegarde, sire, en témoignage et gage de son amitié.

» — Il a bien fait, ma belle Gabrielle, car ce diamant est cause de notre connaissance.

» — Sire, à ce prix ce diamant est inestimable pour votre petite servante. »

Là-dessus il me conta de point en point l'aventure de la gageure, et ce qui en résulta, son amour et la jalousie de Bellegarde. Cette ardeur à narrer refroidit d'autant ses caresses, et je remerciai le ciel qu'il eût fait le roi plus grand parleur qu'agissant; ma pauvre vertu aurait, cette fois et d'autres, couru de gros dangers. De fait je ne sais que depuis le motif de cette réserve du roi en ses faits.

Sire, lui dis-je, j'aime d'amour M. de Bellegarde, comme je ne vous l'ai pas célé.

» — Oui-dà, mais cet amour deviendra mien sitôt que ce galant aura signalé sa déloyauté.

» — Et vous, sire, à sa place vous n'auriez fait une journée de chemin, qu'il y aurait fa mine amoureuse et grand appétit galant chez Votre Majesté.

» — Qui t'a si bien instruite de ma nature, ma fille ? Pour vrai, je ne suis pas ménager de mes plaisirs, moi, quand j'aime bien et chevaleresquement les dames qui savent aimer.

» — Sire, que ne dites-vous ces belles choses à tant de pucelles qui répondraient oui. Or, moi aimant Bellegarde, je ne puis ni ne veux vous donner d'espoir.

» — J'attendrai, mon âme, et prierai Dieu qu'il fasse Bellegarde infidèle et parjure à mon profit.

» — Sire, empêchez-vous de me tâter et tenir comme fera mon époux à venir, et pour tout dire, dissuadez-vous de pourchasser le cœur et la personne.

» — Pour tout dire aussi, belle rebelle, vous serez mienne de bonne volonté et à l'envie des plus hautes maisons.

» — Sire, vous ferez tant que m'en irai au bout de l'univers ou me rendrai ligueuse.

» — En ce cas je vous prendrai par force

comme ennemie, et l'armée du duc de Parme ne viendra vous secourir.

» — Mon bon sire, mettez que Dieu vous voit et vous entend...

» — Suis-je pas hérétique? ventresaintgris! ma chasteté s'en va à tous les diables, et je ne vous vis onc plus divine!

» — Vous aurez peine et repentir de ce que vous ferez, sire!

» — Gabrielle, mignonne, ma mie, je te promets des diamants de quoi paver ta chambre; retiens-toi de crier...

» — Non, sire, je crierai, et le monde viendra, et vous serez confus de votre vilaine entreprise.

» — Quand tu crieras et crierais jusqu'à demain, Bellegarde, qui est à Saint-Omer, entendra-t-il davantage?

» — Mes sœurs! Françoise! mon frère Annibal! à l'aide! à la force!... »

Je faisais belle résistance, et le roi beaux efforts; néanmoins je n'ose dire ce qui serait advenu si, dans la salle au-dessous Périnet, mon vrai ange gardien, n'eût crié: « Au feu! au feu! » Ce cri terrible fait lâcher au loup sa proie, et le roi, plus avisé que le loup, se fût peut-être fié aux bons murs de pierre; mais je redoublai les cris: Au feu! qui par tout le château rencontrèrent bien des échos; nos sœurs en cette alternative me secondèrent par des clameurs tant aiguës que l'on aurait cru Troie en flammes. Le roi perdit contenance, et sentant la fumée, ouvrit l'huis pour n'être pas étouffé. Je profitai du désarroi m'éloignant du danger, qui pour moi était l'amoureux Henri, et faute de plus sûr abri, je m'allai jeter aux bras de mon frère. Ce pendant Françoise et Louison qui avaient ouï cette piteuse scène, de peur n'avaient pas attendu l'ouverture de l'huis, et pensèrent que j'ardais d'une ou d'autre manière. Elles furent bien ébahies de me voir sous la sauvegarde fraternelle. Quant au roi, il s'était porté du côté du feu pour travailler à l'éteindre, tant il était et est encore de bon cœur : l'odeur de l'incendie le conduisit au laboratoire de Périnet, rempli de fumée puante et de flammes non.

« Ventresaintgris ! dit-il, est-ce Satan ton maître qui cause cette rumeur maudite, puisqu'elle me fut si funeste?

» — Sire, reprit Périnet, le mal que je fis est réparé; comme je fabriquais un résidu, le feu a pris à mes grimoires, et sans des paroles magiques prononcées bien à point, le château serait incendié.

» — Je soupçonne quelque malice de ta part, sortie non de tes creusets, mais de ta cervelle, démon de magicien.

» — Sire, en ce moment je composais un philtre qui vous doit faire aimer : voyez ce tas de charbon en ce fourneau?

» — Si tu es tant habile, petit sorcier, que n'avises-tu à me guérir médicinalement, car je me souviens toujours de la religieuse de Longchamps.

» — Partant d'autres se souviennent aussi de vous; mais il n'est pas temps de vous purifier de toute souillure, par châtiment de ce que vous avez tenté à l'encontre de ma chère maîtresse.

» — Le diable t'emporte, Périnet! tu me sembles de mêmes nom et race que Périnet-Leclerc, qui, traître à son roi légitime Charles VI, livra Paris au duc de Bourgogne.

» — La différence est, sire, que peut-être je serai celui qui vous rendra Paris pour absoudre mon aïeul. »

A ce moment les gentilshommes du roi ayant entendu les cris, se précipitèrent dans le château à la recherche de Henri, qui devisait avec Périnet; Chicot arriva le premier au laboratoire, où était ce cher prince à parler chimie, médecine et magie.

« Cap dé Diou! s'écria le brave capitaine gascon, les cris au feu m'ont fort intimidé, eu égard à votre religion, car je sais que l'on brûle les hérétiques.

» — Ventresaintgris! sens-tu pas la chair rôtie, car je brûle de vif feu d'amour.

» — Je n'ai pas d'eau bénite qui l'apaise ou l'éteigne; mais si je fusse reçu docteur en la faculté de Paris ou de Montpellier, je vous ferais lier pieds et poings dedans une cuve d'eau froide.

» — La Ligue t'en saurait gré, mon fils.

» — Moins qu'à la religieuse de Longchamps, dont Dieu sauve l'âme et le corps. »

La nouvelle que le feu avait cessé triompha de nos inquiétudes, et devant que de remonter en selle, Henri me tira encore à part et dit :

« Grâce et oubli, madame, je vous requiers, pour l'outrage que je vous fis.

» — Sire, la Providence m'a permis de sortir intacte de vos entreprises, je laisse votre conscience s'élever contre votre mauvaise pensée.

» — Je ne vous croyais si ferme en votre refus, et le diable m'a tenté, ce diable malin et serpent détestable, dit Occasion.

» — Finablement, sire, après votre confusion, je pense que dorénavant vous n'entreprendrez rien sur moi.

» — Vive Dieu ! ma belle, je ne perds ni courage ni espoir ; en amour comme à la guerre il n'y a qu'heur et malheur, et le plus persévérant arrive toujours où il vise; toutefois je n'userai de force envers votre personne farouche, mais de douceur.

» — Par pitié, sire, ne vous buttez point à la traverse de Bellegarde; car vous pourriez me rendre un amant, mais un époux...?

» — Il te suffit, Gabrielle, que je t'aime de rage, et s'il te faut, je te signerai de mon sang une promesse de mariage.

» — Comme vous fîtes à madame Corisande d'Andoins, à madame de Guercheville, à bien d'autres!

» — Madame, sachez que lesdites promesses m'ont été rendues de plein gré, lesdites dames se jugeant indignes de mon alliance.

» — Alors, sire, je fais auparavant ce qu'elles firent ensuite, et me déclare indigne...

» — Mon cher cœur, me parler d'une telle sorte, c'est à me fendre le l'âme; vous valez mille fois mieux que toutes ensemble.

» — Sire, vous savez ma dernière résolution: je suis appartenante à Bellegarde par droit conjugal et amoureux.

» — Adieu! méchante, priez Dieu que mal n'arrive à Bellegarde.

» — Sire, vous ne pensez à ce que vous dites.

» — Aussi pourquoi acculer mon amour en désespoir, comme un sanglier dans les toiles.

» — Sire, cria Chicot, ce soir à la maison de ville de Saint-Quentin on vous doit haranguer, ayez-en bonne mémoire.

» — Tout n'est pas roses à ce métier de roi, madame Gabrielle, répondit-il; il faudra que je paie quelqu'un, un sourd-muet par exemple, pour entendre les harangues à ma place.

» — Il n'est que de leur fermer le bec, dit Chicot, et de passer son chemin avec ces mots : Dieu vous bénisse!

» — Le duc de Parme et Mayenne ont cela de bon qu'ils ne me font haranguer que par leurs arquebusiers. Adieu, madame, ajouta-t-il tourné devers moi, soyez la bien contente, de trois mois vous ne me verrez, et la Ligue espagnole saura ce que vaut votre chevalier.

» — Vive le chevalier bannal de la France!

dit tout bas Chicot, mais non assez bas pour que le roi ne l'entendît.

» — Chicot, reprit Henri, tu portes à ton côté une fine lame trempée qui fait moins de mal que ta langue. »

Le roi était plus marri que gai de s'en aller après avoir si mal réussi; il fit à chacun des adieux qu'on lui rendit à force, et demanda licence de m'embrasser, ce qu'il fit à m'envermillonner les deux joues. « Mon menon, dit-il à mon oreille, ne vous fâchez pas que je vous écrive par-ci par-là pour me réconforter contre les soucis de l'absence. » Ces paroles dites, sans me donner loisir de répondre non, il sauta dessus la selle, ôta son chapeau pour nous saluer, et, suivi de ses gentilshommes, prit sa course par la route de Saint-Quentin.

Je remerciai mon saint patron de m'avoir préservée du péril extrême que j'avais encouru, et je remerciai non moins Périnet de sa ruse expédiente, que je me promis à part moi d'employer en pareil cas. Ainsi je défie le plus hardi forceur de filles. Mais ne me fiant à l'adieu du roi pour trois mois, de peur de le voir revenir le lendemain, si ce n'est la nuit même, je me résolus à m'en aller loin de Cœuvres, en quelque endroit où Henri ne pût me joindre. Mes sœurs d'ailleurs ne m'avaient épargné les railleries de mon accident.

« Ma sœur, dit Françoise riante de mon embarras, que vous faisait le roi, que vous recommandiez votre âme aux saints du paradis?

» — Le roi n'avait que faire de votre âme, ajouta Diane; et si quelque chose vous contriste, c'est qu'on a crié au feu plus fort que vous n'avez fait.

» — Diane semble envieuse, reprit Julienne. Mon avis est que toute femme, tant vertueuse soit-elle, peut recevoir dommage et injure.

» — Mesdames mes sœurs, dis-je, à vous ouïr, j'aurais été prise et forcée; il n'en est rien, Dieu merci! et le roi n'a pas mieux réussi qu'un vilain : car le proverbe dit que femme qui s'abandonne se donne. J'en sais qui n'auraient guère résisté, et après la chose faite, en eussent tiré avantage et honneur. Or, pour vous démontrer que je me soucie peu d'un roi que je n'aime, demain je vais à Soissons où est madame de Sourdis ma tante; Bellegarde n'avait pas tort de me pousser à ceci.

» — Voulez-vous me mener en votre compagnie? dit ma sœur Julienne. Peut-être au passage rencontrerai-je un mari de meilleur souche que M. Bournel de Namps, époux ligueur de notre sœur Marguerite.

» — S'il ne tient qu'à cela pour vous rendre joyeuse, je vous dirai, soit; l'époux et le reste vous regardent.

» — Ma sœur, dit Françoise, et moi, ne me ferez-vous pas voir la ville de Soissons, où les plus belles dames ligueuses tiennent leur cour?

» — Non pas, ma petite sœur, vous n'auriez qu'à guider les gens jusqu'en ma chambre : il vous profiterait mieux de faire pénitence au couvent de Maubuisson avec notre sœur Angélique!

» — Pour moi, dit hautement Diane, j'irai

voir M. d'Épernon en son gouvernement d'Angoulême.

» — Je vous plains, redis-je; M. d'Épernon est de retour auprès du roi nouvellement, et vous n'aurez grand chemin à faire pour aller en son camp, où je vous souhaite bon heur et bon an (1).

» — Sur ce, dit notre frère ému de ces départs, je n'ai que faire de la solitude; je vais à Tours savoir ce que devient le bon évêché que m'a promis Périnet.

» — Par ainsi, se récria Françoise tout éplorée, je demeurerai seulette en ce vieux donjon, à la merci des ligueurs de Noyon qui rançonnent les châteaux d'alentour.

» — Viens çà, reprit Annibal, la cour de M. le cardinal de Bourbon-Vendôme est mal séante pour ton âge, car on y fait autre chose

(1) Pour l'explication de ce passage, assez obscur, je lis dans les mémoires du temps que mademoiselle Diane d'Estrées avait eu du duc d'Épernon une fille, qui devint abbesse de Saint-Glossine de Metz. Gabrielle a souvent de la charité pour les autres, parcequ'elle sait qu'elle en a grand besoin pour elle-même.

(*Note de l'éditeur.*)

que dire des messes. Donc je te conduirai à Issoire chez M. d'Alègre et madame notre mère.

» — Je vous rends grâces, répondit Françoise, mais je me plairai davantage avec le clergé catholique que chez la maîtresse de M. d'Alègre. »

Tout ainsi réglé entre nous, le lendemain chacun partit comme il suit: M. Annibal et notre sœur Françoise, en un coche de vieille architecture traîné par deux mules; Diane, montée sur une mule et sans être aucunement accompagnée; Julienne et moi avec Périnet et Louison en mon beau carrosse. Les adieux et les Dieu-gard' furent brefs et hâtés, car la départie nous était plus à cœur que tout. Au moment où mon cocher touchait, un cavalier courant à toute bride m'apporta une épître de la part du roi. J'eusse préféré alors qu'elle fût de Bellegarde.

CHAPITRE II.

Le *Maheutre*. — Son portrait. — Contes populaires. — Lettre équivoquée d'Henri IV. — L'Antechrist et la fin du monde. — Arrivée à Soissons. — Caractère de madame de Sourdis. — Son amant, le chancelier de Cheverny. — Lettre écrite par le chevalier d'Aumale avec son sang. — Mauvais augure. — Les rats. — Les amulettes. — Lettre de Zamet. — Entreprise contre Saint-Denis. — Mort du chevalier d'Aumale. — Le cercueil. — Son enterrement. — Son oraison funèbre. — Grande douleur de femme. — M. André de Brancas, sieur de Villars. — Vœu de célibat. — Mariage de George de Brancas avec Julienne-Hippolyte d'Estrées. — Panégyrique d'une sœur. — L'adresse changée. — Les intrigants. — Insouciance de George de Villars. — Un mari complaisant. — Prédestination. — L'amour aveugle. — Arrivée à Mantes. — Les deux lettres. — Le pigeon et le vautour. — Lettre de Bellegarde. — Reproches. — Lettre du roi. — Actions de grâces. — Débats entre Gabrielle et madame de Sourdis. — M. de Cheverny. — Son portrait burlesque. — Souvenirs chronologiques. — L'histoire ancienne. — L'amant et le mari. — Gratis est mort. — Le pourquoi du siége de Chartres. — Le coin du feu. — L'entretien sans lumière. — Journée des farines. — Absence du roi. — Le flambeau. — Entrevue du roi et de Gabrielle. — Explication. — L'amour et les écus de Zamet. — Quiproquo. — La vertu en danger. — Porte de salut. — La malade. — Le médecin Alibour. — Trait de lumière. — L'ami de la génération. — La loi salique. — Les femmes grosses. — La ville de Chartres investie. — Plus amant que roi.

Ce messager, dit *le Maheutre*, qui a sens *l'hérétique allemand*, a joué son rôle jusqu'à l'extinction de la Ligue, après quoi il a disparu tout-à-fait : ce qui a répandu le bruit que ce fut le diable voué à la personne de Henri IV. Les lansquenets, comme beaux diables incarnés, furent appelés de son nom *Maheutres*, et le sont encore. Quant audit Maheutre, que j'ai vu maintes fois, et à qui j'ai parlé de bouche à oreille, je n'ose assurer qu'il eût voix humaine; car non plus que les autres je ne l'entendis onc répondre. Henri, qui m'a juré ne savoir pas l'origine de ce quidam étrange, ouït par deux fois le son de sa parole douce et agréable, comme je rapporterai tout à l'heure. Le Maheutre, m'a-t-il dit, avait la face juvénile, austère et comme de cire; pourtant d'ordinaire il la couvrait d'un capuce noir avec des trous à l'endroit des yeux : du reste vêtu d'une robe flottante grise ou noire, ornée seulement d'un poignard turquois, les pieds enbottinés, les mains engantées; de sorte que les sots proclamaient qu'au lieu d'ongles il portait des griffes, et, sous sa coiffure de tête, de belles cornes diaboliques. Je croirais plus volontiers que le

Maheutre était catholique romain, d'autant que je le vis dépêchant ses patenôtres. En somme, ce fut un singulier muet, fidèle, obéissant, et chérissant son maître. Il montait un petit barbe toujours sautillant et penadant, et si vite qu'il semblait avoir des ailes. Le Maheutre vint s'arrêter à la portière du carrosse et me tendit la lettre du roi, dont voici le contenant, en plaisantes équivoques:

« Ma chère dame,

» D'âme je vous aime; même jour et nuit
» amour me point; point ne vous dirai tout
» ce que je sens : sans mentir la guerre
» guère ne me plaît loin de vous; vous certes
» ne pensez à moi; mois, semaines, jours me
» semblent éternels, simpiternels; l'absence
» m'importune; une flamme de bon lieu, loin
» de s'éteindre s'allume sous vent : souvent à
» part moi dépité, je me dis : Dix femmes ne
» la valent en cruauté. Oté l'amour, reste
» ennui : en nuit quelconque ne vous pourrai-
» je voir? voire vous tenir en mes bras. Brassons
» du plaisir tous deux à faire envie; en vie

» jouissance convient ; vient la mort, et l'âme
» est à Dieu. Adieu.

» Henri en rit. »

Cette équivoque m'amusa tant que je la relus, et pourtant je ne fis de réponse qu'en ces mots : « Dites à Sa Majesté que je suis sur mon départ, et que je la dissuade de m'écrire à Soissons, ville trois et quatre fois ligueuse. » Le Maheutre, sans quitter l'étrier, me salua en silence et se remit au galop. Aussi je partis d'autre côté, et ma sœur Julienne me dit :

« Ce cavalier a l'air de l'Antechrist.

» — En effet, repris-je, la Ligue ressemble à fin du monde. »

Arrivées à Soissons, notre tante de Sourdis nous reçut très alègrement, et sa bonne humeur redoubla quand Julienne lui eut appris les poursuites amoureuses du roi ; elle me tira à part et dit :

» Ma fille, je vous félicite de si haute tendresse.

» — Ma bonne tante, dis-je, il serait plus à propos de me plaindre de ce hasard pitoyable.

» — Vous êtes bien dégoûtée, ma belle; votre fortune est faite, et, pour vingt raisons, Bellegarde n'est point à comparer au roi.

» — Néanmoins ce n'est pas le roi qui m'agrée davantage, quoi que dise l'astrologie, chiromancie, nécromancie, ou Périnet.

» — Votre humeur rebelle sera domptée plus tôt que la Ligue : mais je ne vous offrirai de conseils que mon exemple.

» — Vraiment, ma tante, le roi mon chevalier vous a-t-il fait les doux yeux ?

» — Le chevalier banal de France, comme on l'appelle, est toujours dispos de corps et d'esprit; j'ai le désavantage de ne l'avoir rencontré en ses bons moments; mais en attendant j'ai pris un chevalier.

» — Qui ? M. d'Aumale ?

» — Fi ! c'est un bon ligueur et un mauvais amoureux. Que vous semble du chancelier de France, Philippe Huraut, comte de Cheverny et de Limours ?

» — Il est vieux, et laid, et vain; si se farde le visage.

» — Méchante habitude des mœurs d'Henri troisième ; mais en richesse et puissance je ne sais que le roi qui le vaille ; de cette sorte je ferai belle figure au Louvre.

» — Et M. d'Escoubleau de Sourdis?

» — Il m'écrit de n'oublier de fermer l'huis quand je serai avec mon chancelier. »

Ma tante me conta que d'ordinaire elle habitait Mantes, le petit Paris du roi ; mais elle venait à Soissons vendre des biens que M. de Cheverny lui avait donnés en pur don. Ses affaires faites, elle devait retourner à Mantes, et moi l'y accompagner.

Le troisième de janvier de l'année 1591, je reçus une lettre écrite avec du sang, laquelle me jeta dans la consternation ; elle était de la main du chevalier d'Aumale, en la forme subséquente.

« Vous qui m'êtes tout et ne m'êtes rien,
» adieu vous dis du fond de ma pensée ;
» car demain je m'en vais entreprendre un fait
» audacieux dont j'ai triste augure ; vu que ma-
» niant mon épée je m'en suis blessé au sang,

»duquel je peins la présente. Sachez que de-
»puis votre cruelle départie je ne vis qu'à
»demi et pour penser à vous; autant mourir
»une fois pour toutes au profit de la sainte
»Union, que d'aller ainsi me consumant d'a-
»mour sans espoir : je vous aime si miracu-
»leusement, que pour être vôtre par mariage,
»ou autrement, je me rendrais sur l'heure roya-
»liste. Mais peu ou point m'importent telles
»riantes imaginations, puisque la Parque tient
»jà le ciseau qui doit trancher mes jours filés
»de laine noire. Adieu, dix millions de fois,
»ma belle inhumaine, ma douce tigresse; je
»fais vœu que le surplus de ma pauvre vie
»soit ajouté à la vôtre, et que le sort vous paie
»selon vos mérites, vous faisant reine d'un
»royaume; car des cœurs vous l'êtes déjà sans
»faute. Je vous baise les mains et les pieds.
»Votre chevalier,
»*Au mal.* »

Cette écriture de sang me fut un crève-cœur pour tout le jour, et j'en voulus à M. d'Aumale d'avoir usé d'une encre pareille. Périnet, à qui je montrai ladite lettre, fit un grand signe de croix et s'en alla consulter ses livres. Tout-à-coup de la tapissserie saillirent quatre rats qui coururent par la chambre et jusqu'en mes jupes; je poussai, de belle peur, maint cri désespéré, et Périnet revint voir si d'aventure le roi ne voudrait encore me forcer; mais voyant les rats, de sa baguette il traça une croix sur le plancher, où les rats churent morts.

« Madame, dit-il, je vais brûler ces animaux immondes, et leurs cendres vous seront un talisman avec lequel vous ne craindrez nulle mort violente.

» — Pourquoi ? fis-je.

» — Parceque ces rats sont envoyés par un de vos bons amis qui est défunt. »

J'ai grande foi aux amulettes; et lorsque Périnet eut enfermé en des sacs constellés les débris, os et poussière desdits rats, je les vénérai tellement, que de m'en dessaisir je me croirais assassinée ou empoisonnée. Je porte toujours dessus le cœur une de ces reliques, et du moment que je la déplacerai, mal m'en arrivera; mais je n'ai garde en aucun cas de déposer mon talisman, qui me vient de la mort de M. le chevalier d'Aumale, que Zamet me fit savoir comme il suit:

« Mon amie,

» Nous avons perdu déplorablement quel-
» qu'un qui vous aimait d'amour comme
» il m'aimait d'amitié. Prions Dieu et les saints
» pour le repos de l'âme du chevalier d'Au-
» male! Cet honnête ligueur ne se pouvant
» consoler de votre absence, qui m'est aussi
» bien pénible, a tenté de surprendre la ville de
» Saint-Denis, qui, aux mains des royalistes,
» fait grand tort à Paris, au point de continuer
» la famine en notre cité. Il prêta serment à
» madame de Montpensier qu'il reviendrait
» avec les clefs de Saint-Denis ou dans le cer-
» cueil; il n'a failli à ce dernier point; car en tête
» de huit cents hommes et deux cents chevaux,
» par une nuit glaciale, veille du jour de sainte
» Geneviève, li s'empara d'abord des portes et

» murailles de Saint-Denis ; mais le gouver-
» neur, M. de Vic, par une fausse attaque, ayant
» mis en déroute et fuite les ligueurs assiégeants,
» M. d'Aumale fut laissé parmi les morts sur le
» pavé ; il fut tué d'un coup d'arquebuse qui
» le perça d'outre en outre à l'endroit du cœur.
» La Ligue a fait en lui une grosse perte, mal-
» gré que les bons catholiques lui gardent ran-
» cune pour le pillage de l'abbaye Saint-An-
» toine ; ce qui fit dire qu'il périt de la part
» des siens, tellement que le coup lui fut lâché
» par derrière. Je ne sais le vrai de tout ceci.
» Son corps fut porté en un coffre de bois à
» l'église Saint-Denis. Mais hier, onzième, mon-
» sieur son frère envoya un cercueil de plomb
» où mettre le défunt. Or, en le tirant de la boîte,
» fut trouvée foison de rats qui le dévoraient
» tout à l'entour du cœur ; chose singulière inter-
» prétée de diverses sortes. Les uns disent que
» c'est en châtiment du siége et des misères de
» Paris, auxquels il eut grand part ; les autres
» expliquent ces rats par les soucis cuisants
» dont il fut rongé en l'amour de vous. Enfin

» les prédicateurs espagnolisés et les Seize,
» en haine de Mayenne, induisent de tant de
» bêtes mauvaises, que feu M. d'Aumale avait
» gros de péchés mortels, et qu'il est damné à
» l'heure qu'il est. Je vous estime trop bonne
» chrétienne et loyale amie pour ne pas en
» messes, aumônes et oraisons, aider l'âme de
» celui qui vous aima quasi à l'égal de Dieu, et
» ce fut là son plus ordinaire péché. Ce matin
» nous l'avons enterré au tombeau de ses pères,
» en l'église de Saint-Jean-en-Grève. Le peuple,
» ingrat à cause de son entreprise manquée,
» a chanté par les rues des épitaphes moqueuses;
» pourtant feu M. le chevalier d'Aumale était le
» plus brave et le plus hardi de la Ligue. Adieu,
» ma mignonne; je n'aspire qu'à vous voir et
» vous baiser paternellement. L'ennui que l'on
» mène à Paris a de quoi rendre insensé, n'é-
» taient mes chers enfants qui occupent mes loi-
» sirs. Mandez-moi des nouvelles de Bellegarde!,
» et si votre bourse tarit.

» Sébastien Zamet,
» Seigneur de dix-sept cent mille écus. »

Je fus contristée plus de trois jours à cause de feu M. d'Aumale, et les rats surtout me donnèrent matière à réfléchir. Je pensai comme fit Périnet, que ces rats dévorants figuraient les peines de l'âme ; quant aux messes et *de Profundis*, j'y dépensai deux cents écus, et durant l'année des chandelles brulèrent jour et nuit à la mémoire du défunt, qui est en paradis ou proche d'y entrer. Mais comme la douleur ne peut durer plus que la joie, les évènements ne tardèrent à me distraire de cette triste idée.

Dans les derniers jours que je fus à Soissons avec madame de Sourdis, M. André de Brancas, sieur de Villars, gouverneur de Rouen, se sentit piqué de mes beautés, et il ne tint qu'à moi de devenir madame la gouvernante.

« Mademoiselle, dit-il en un beau transport, je me croirai votre obligé si vous acceptez mon alliance.

» —Monsieur de Brancas, dis-je, je suis promise à M. de Bellegarde.

» —Brancacio ! qui me vaut en noblesse, puissance et fortune, sans parler des autres qualités ?

» —Je vous honore plus encore que vous ne faites, monsieur de Villars; mais vous dirai-je que pour ne point manquer à ma foi, j'ai dédaigné l'amour du roi?

» —Du Béarnais! vous avez en cela dignement agi, et le plus mince hobereau est préférable à ce roi en peinture.

» —Vous êtes franc ligueur, monsieur de Villars.

» —Oui, pour le présent, dit Périnet, mais il faudra Villars pour prendre la *Ville*.

» —Ne nous jetez pas de sorts, compère sorcier, répondit le gouverneur de Rouen; car nous pendons les royaux et Politiques.

» —Enfin, dis-je, monsieur de Villars, mon père est aussi bon royaliste que vous êtes ligueur.

» —La difficulté est petite, car la famille d'Estrées est ancienne, mais non autant que celle de Brancacio l'est à Naples.

» —Je serais fort honorée d'épouser un si bon et si brave gentilhomme; mais mon cœur et ma main sont donnés à M. le grand-écuyer de France.

» —J'en suis marri, belle dame, et m'en veux de quitter ce dessein ; aussi je vous jure que j'attendrai le trépas de M. de Bellegarde, ou jamais ne me marierai. »

Je ne croyais pas qu'il persistât en cette rigueur ; mais il a tenu parole, et décéda sans avoir pris femme.

Son frère, M. George de Brancas-Villars, chevalier d'Oise, fut mieux accueilli par ma sœur Julienne-Hippolyte, qui criait après un mari comme saint Jean dedans le désert. Je dirai pour la vérité du fait, que madite sœur ayant grand'peur de rester fille (ce qui est plus horrible que tout), dépensa force agaceries et propos emmiellés pour allécher M. George de Brancas, qui ne fit que la moitié du chemin. Julienne lui évita la seconde moitié. Vrai qu'ils s'agréèrent l'un l'autre, et furent mariés avant que M. d'Estrées en fût informé. Il tempêta d'abord, puis se radoucit ; puis venant à penser que c'était une dot de moins à trouver, il souhaita que ses autres filles prissent leur volée où elles pourraient ; de telle sorte qu'il n'inquiéta

Julienne pour ce mariage, qui est favorisé d'une belle progéniture. Ma sœur, devenue madame de Brancas, jouit de la liberté, qu'elle tenait pour le bien le plus désirable, et fut plus volontiers loin de son époux que près d'icelui. Elle a ce qu'il faut pour plaire aux hommes, de la beauté et pas de résistance; en revanche les femmes, dont je suis, la détestent parcequ'elle est détestable. J'en dirais cent fois pis; mais n'est-elle pas ma sœur, quoique sans contredit d'un autre sang?

Ce pendant que je séjournais à Soissons, deux lettres de Bellegarde me furent rendues, et dedans chacune était sous le cachet des nouvelles de la main du roi, qui me mandait son martyre et me priait de le tenir pour son chevalier. Je fus grandement étonnée que Bellegarde donnât les mains à ce commerce; mais par réflexion, je vis bien que ses lettres passaient en des mains infidèles. Je ne voulus toutefois lui écrire à ce sujet, crainte de refroidir son zèle pour Sa Majesté. Je répondis seulement à ses lettres, où, selon ma coutume, je ne le nommais de son vrai nom ; mais de petits noms tendres et badins. Je rendis mes réponses sans adresse à madame de Sourdis, avec prière de les faire parvenir parmi la correspondance qu'elle poursuivait avec M. de Cheverny. Elle ne s'y refusa ; mais sa perfidie fut grande, et par elle je me vis compromise entre Bellegarde et le roi. Maintenant je sais bon gré à madame ma tante de ce qu'elle fit le plus traîtreusement du monde.

M. de Cheverny, antique galant de la cour de François I*er*, était confident des amours du roi, qui lui détaillait le blanc et le noir. Il connut des premiers que Sa Majesté, contrainte en dépit d'elle pour le présent à mieux aimer d'imagination que d'effet, avait tourné toutes ses pensées devers moi. Ce vieil artisan de galanteries avait inventé l'expédient de mettre les épîtres du roi sur le compte de Bellegarde. En même temps il requit madame de Sourdis de faire en sorte que le roi eût réponse de moi par ruse ou de bonne volonté. Donc ma tante ayant ma lettre à Bellegarde en son pouvoir, l'adressa comme de ma part au roi, qui fut désenchanté de me voir sitôt apprivoisée. Le mariage de ma sœur Julienne avec M. de Brancas, chevalier d'Oise, comme on désignait M. George de Villars avant la mort de son frère l'amiral, fut promptement conclu, parceque l'époux avait hâte de revenir en sa ville du Havre, où il commandait. Les calomniateurs ont dit et redit que madame ma sœur n'était mariée que de récent, et qu'elle vécut en concubinage avec M. de Brancas-Villars. A cela je répondrai que j'ai assisté au mariage, qui fut secret, je l'avoue, à cause du défaut de consentement de mes père et mère. Je ne saurais dire non plus comment se passa ledit mariage; mais après la cérémonie et deux nuits conjugales où l'époux fit mal son devoir, ma sœur Julienne se dit malade et garda le lit pour demeurer après le partement de monsieur son mari. Celui-ci, de fort bon accommodement et de l'avis de tout le monde, dit à sa femme :

« Madame, vous me rejoindrez à vos aises.

» — Monsieur le chevalier, répondit-elle,

l'air de la mer est nuisible à ma santé, et j'attendrai ma parfaite convalescence.

» — Ce qui vous plaira, madame, sera le mieux.

» — Ayez soin, monsieur mon mari, que les espèces ne me défaillent; car du côté de monsieur mon père l'argent sera rare, j'imagine.

» — Ne vous en faites pas faute, madame; la Normandie est riche. »

C'est ainsi qu'ils prirent congé l'un de l'autre, sans plus se baiser en adieu. Ma sœur, malgré cela, n'a pas arrêté de procréer des enfants, dont elle a le moule à sa dévotion. M. de Brancas-Villars de retour à Rouen et au Havre, ma tante de Sourdis fut sommée par son chancelier de retourner à Mantes; ce qu'elle fit en la compagnie de Julienne et de moi. Périnet avait les yeux ouverts sur ce qui se brassait autour de moi; et cependant ne traversait pas l'amour du roi, auquel j'étais prédestinée de naissance, disait-il. J'aurais préféré qu'il servît les intérêts de Bellegarde, sans me tant rebattre les oreilles de la hauteur de ma chance. Il confessa depuis que sa science l'avait éclairé sur les infidélités et noirceurs de M. de Bellegarde.

« En ce cas, que ne m'avertissais-tu?

» — Oui, mais vous le faire croire? Amour est aveugle, et obstiné en son aveuglement! »

Néanmoins Périnet s'indigna des trahisons de ma tante de Sourdis, qui, pour avoir son silence, le leurra de la charge d'astrologue du roi.

Ce fut le premier de février, par un rude froid de bise, que nous vînmes à Mantes où se tenait la cour, vu que la ville de Tours est trop éloignée du cœur de la France, qui est Paris. A la porte de la ville se présenta le Maheutre qui me rendit une lettre au cachet du roi. Au même temps Rousse courut à la rencontre, avec une autre de Bellegarde. Mais sitôt qu'il l'eut remise en mes mains, je pensais que le Maheutre le voulait tuer, à la poursuite qu'il lui fit; je m'écriai: « Merci ! » et le messager du roi tourna bride et disparut. J'avais deux lettres à ouvrir, et par laquelle commencer? Périnet me secourut en cet embarras.

« Le sort, dit-il, est le meilleur conseil; et le fin premier oiseau qui s'offrira doit trancher la difficulté.

» — Je m'en rapporte à votre art pour augurer du vol des oiseaux.

» — Voyez, c'est un pigeon qui va becquetant grains de blé et vermisseaux.

» — Ce pigeon sans doute représente Bellegarde, dont il me faut lire d'abord la missive.

» — Oui, ma chère dame et maîtresse, mais n'est-ce point un vautour qui fond sur le pauvre animal et le déchire de son bec crochu?

» — Hélas! le roi Henri a le cœur trop généreux pour maltraiter M. de Bellegarde.

» — Non, par le diable! mais M. de Bellegarde n'affrontera si terrible ennemi, par prudence. »

Je brisai le cachet et lus ceci non sans larmes:

« Ma chère dame,

» Voici deux lettres que je vous fais tenir,

» et votre réponse est encore à venir; je suis
» perplex et désolé, d'autant que le roi s'obstine
» à vous aimer. « Bellegarde, me dit-il hier,
» nous sommes rivaux, mais en bonne intelli-
» gence; madame Gabrielle n'est point votre
» épouse, et j'aurais moult d'ennui qu'elle
» le fût; donc poursuivons tous deux nos
» amours. »

» J'appréhende que le roi ne m'envoie guer-
» royer en quelque province lointaine; mais si
» telle tyrannie tend à nous séparer, je me fais
» ligueur ou me retire en mes terres avec vous,
» qui serez mienne par le fait des noces. Donc
» je vous prie et supplie de me faire réponse au
» plus tôt avant que je me donne corps et âme
» au désespoir. Votre

» Roger de Bellegarde. »

La lecture de cette piteuse épître me jeta en
un trouble extrême. Madame de Sourdis, qui
suivait en son coche, ne fut témoin de mon
deuil et dépit; elle aurait été trop joyeuse de
son œuvre.

« Par mon saint patron ! m'écriai-je, quel mauvais ange a détourné ma réponse ?

» — C'est bien un mauvais ange, reprit Périnet ; mais dépliez la lettre du roi pour votre enseignement. »

La voici, qui ne guérit point mon déplaisir.

» Mes belles-amours,

» Mon cœur a chanté un *Te Deum* pour la
» reddition du vôtre. Cette réponse qui m'eût
» fait mourir de joie, si l'on en mourait, n'a
» d'autre défaut que d'être trop brève. Ainsi
» sera de la présente en laquelle je vous
» baise dix millions de fois, et puis encore ;
» mais je ne tarderai guère à vous baiser au-
» trement que je ne fais ici ; car je m'en
» vais assiéger Chartres pour être plus près de
» Mantes et de vous. Gageons que l'hiver, qui
» fane toute fleur, vous aura embellie, s'il se
» peut. Or qu'il ne soit plus parlé de ce vani-
» teux Bellegarde, lequel se croit votre cher
» ami. Si je vous marie, ma belle, j'élirai pour
» époux un bon royaliste qui n'ait rien de plus

» précieux que la gratitude de son prince. Sur
» ce, je vous baise encore la main qui tient la
» plume, l'intercédant pour avoir de ses jolies
» lettres.

» HENRI. »

Je déchirai quasi le papier de colère, fâchée
de ces privautés de style.

« Certes, dis-je, je ne suis pas de celles qu'un
roi traite si dérisoirement ; ce n'est le fait d'un
chevalier français.

» —Madame, reprit Périnet, Sa Majesté, il y
a apparence, répond au lieu de M. de Bellegarde. »

La mine éventée, j'excusai le roi et maudis
les auteurs de ce complot, quand le carrosse
entra dedans la cour de l'hôtel de madame de
Sourdis, ou plutôt de M. de Cheverny. Je n'eus
rien de plus pressé que me renfermer avec ma
tante.

« Madame, dis-je après avoir montré les
lettres, le bel usage que l'on a fait de la mienne !

» — Comment ? répondit ma tante jouant
l'ébahie.

» — Le roi a reçu l'épître faite pour Bellegarde, et de là cette honnête réponse.

» — Il faudrait que M. de Cheverny fût cause de l'erreur.

» —L'erreur, madame, fut de propos délibéré.

» — Plutôt Bellegarde aura fait la plaisanterie de rendre votre lettre au roi, comme à lui adressée.

» — Nenni : un amant, si bas soit-il, ne plaisante de cette manière.

» — Or donc, ma chère fille, le roi a l'épître en son nom, et la fera valoir.

» — Je proclamerai que ma foi fut surprise, mon seing faussé ; vous-même, ma tante, vous avez trompé ma confiance, calomnié mes sentiments !

» — Petite folle ! où va tout ce bruit de paroles ?

» — Que faire ? Bellegarde pensera que j'ai signé l'acte de ma déloyauté.

» — Non, ma mie ; le roi Henri conservera par-devers lui ce témoignage et garant de ton amour.

» — Fi! mon amour est tout à Bellegarde, et je démentirai quiconque dira le contraire.

» — Va, mignonne, loin de te gâter les yeux à pleurer, chante les litanies de Cythère en l'honneur de Cupidon, qui t'a si haut pourvue.

» — Je vais tout à l'heure écrire au roi comme quoi tout le premier il fut abusé par ce vilain piége.

» — Prends garde, ma fille; le roi est généreux de caractère, mais inflexible à qui veut en faire un jouet.

» — Je conterai naïvement comment la chose est advenue, et le prierai de brûler cette lettre, qui m'a tant réjouie à écrire et qui m'apporte tant d'inquiétude.

» — Fais à ta guise; mais le mieux pour toi est que la lettre susdite ne soit connue de Bellegarde, qui n'entendra d'excuse. »

Madame de Sourdis, qui craignait de mécontenter le roi s'il savait sa trahison, me dissuada par mille raisons de remettre cette affaire sur le tapis; et cédant à son intérêt, je récrivis à Bellegarde que le mariage de ma sœur m'avait lié les mains. Quant au roi, je m'entêtai à ne répondre à aucune de ses lettres, qui s'ensuivirent sans intervalle, ce pendant que madame de Sourdis le flattait de mon amour par l'entremise de son chancelier.

Celui-ci, plus chaud qu'un jeune gars de seize ans, ne se fit guère attendre à Mantes, où madame ma tante ne s'embarrassait de son absence. La première fois que je le vis arrivant à la descente de son coche, je faillis manger ma langue pour ne pas rire. M. de Cheverny était lors tel qu'aujourd'hui, tel qu'il fut au tournoi où le roi Henri II fut navré par Montgommery, comme il raconte à tout propos. Sa figure de Passion, blême, ridée et grave, même aux endroits les plus bouffons, fait dire à maître Guillaume que M. de Cheverny a pris sa tête sur la table de marbre du Palais, du temps que les clercs de la Basoche représentaient le crucifiement de notre seigneur Jésus-Christ. Son habillement, ainsi qu'il en fait parade, est semblable en tout point à celui que portait La Châtaigneraie en son combat avec Jarnac. M. de Cheverny vivrait autant que Mathusalem, qu'il ne changerait rien à la coupe de sa barbe, à la forme de ses grègues et à l'air de sa personne. Ce n'est pas qu'il soit d'un âge si avancé, soixante-dix ans, je crois ; mais il est toujours aussi vieux que s'il fût venu de l'année 1545 sans avoir fait sa barbe ou tant seulement dégrafé son manteau. Sa façon de deviser n'est pas différente. Il accola ma tante de Sourdis avec ces mots :

« Ma chère dame, depuis l'année 1545 que je baisai à la bouche madame de Pons, qui avait l'haleine d'une rose sentant mieux que baume, je n'eus pas plus de jouissance que j'ai en vous baisant.

» — Monseigneur, reprit ma tante, M. d'Escoubleau de Sourdis est-il fleurissant de santé ?

» — Il m'a dit, ma colombe, de fermer soigneusement les portes, et de les sceller s'il est possible.

» — Monseigneur, repartit ma tante, voici ma nièce madame Gabrielle d'Estrées dont il est question là d'où vous venez.

» — Par la mordieu! notre sire est bien avisé de pourchasser cette jeune poulette; et si je n'avais affaire à mon siége de Chartres, je me mettrais sur les rangs, comme en l'année 1546, où j'enlevai la dame de M. de Chabot, le *Chevalier muet*, selon sa devise du pas d'armes de Châtellerault.

» — Monsieur, dis-je, vos efforts et ceux de tous autres seraient mal employés, car M. de Bellegarde s'en va m'épouser à Pâques fleuries.

» — N'y comptez pas, madame Gabrielle; le roi Henri quatrième agira comme feu le roi François Ier, à qui rien ne coûtait pour éloigner un mari, voire un galant.

» — Dites, je vous prie; de quelle façon agissait le roi François Ier?

» — Il n'avait que faire de gênes, prisons et Bastilles; mais un bon gouvernement faisait d'un lion un agneau. Quant aux dames, les pierreries, colliers, carcans, bracelets, et les plus belles étoffes, triomphaient des plus cruelles; témoin madame de Chateaubriant, qui fut occise par son mari en l'année 1535.

» — Le roi François Ier n'avait donc usé desdits moyens honnêtes à l'égard du comte de Chateaubriant ?

» — Oui bien, foi de gentilhomme ! mais ledit mari se vengea sur sa femme de ce qu'elle ne plaisait plus au roi, captivé et prisonnier de madame Anne de Pisseleu, duchesse d'Étampes, auparavant demoiselle Heilli, fille d'honneur de madame Louise de Savoie, mère du roi.

» — En vérité, monsieur, vous êtes fort versé en l'histoire ancienne. »

Quand ce vieux singe s'en fut allé à ses sceaux, tout stupéfait de l'accueil et me menaçant de réduire ma pudeur aux abois, je dis à ma tante de Sourdis qui riait sous cape :

« Avez-vous le front, madame, de caresser un si laid museau ?

» — Il ferait beau voir que je négligeasse de le flatter et festoyer ! M. d'Escoubleau me gourmanderait de ce défaut d'égards.

» — Vous raillez certainement, monsieur mon oncle, un des plus estimés capitaines de l'armée du roi, ne peut à ce point en vouloir à sa réputation.

» — Voilà parler en béguine d'Anvers! Or je vous demande si d'un amant que j'aurai, voire de deux ou davantage, la bonne renommée de mon époux souffrira le moins du monde? Au contraire il y trouve grandement son avantage.

» — Et lequel, s'il vous plaît, autre que des cornes à la tête et le beau titre de cocu?

» — Si ce n'est que cela, le jeu n'en vaut l'aune; mais son avoir ne cesse d'augmenter.

» — Je n'en voudrais pas à tel prix.

» — Oui-dà, n'est-ce rien que fermes, maisons de ville, champs, bois et deniers comptants?

» — C'est peu s'il faut aimer, ou le paraître, ce podagre chancelier d'autant plus déplaisant qu'il cuide plaire.

» — En vérité, vous le jugez avec trop de défaveur; c'était, je gage, un cavalier de fort bonne mine dès avant le pas d'armes de Châtellerault.

» — De quel siége de Chartres a-t-il dit un mot? Le fait nous intéresse, puisque M. de La Bourdaisière mon oncle et votre frère est commandant de la place.

» — Vraiment, je l'avais oublié; mais ce projet de siége est encore un mystère, non pas pour vous, ma chère Gabrielle.

» — M'est avis que M. de Cheverny, dont les biens sont aux environs de Chartres, besogne en cela à son profit.

» — Comme au nôtre à la fois; car M. d'Escoubleau, qui était gouverneur de cette place avant la Ligue, espère y rentrer par le fait de sa prise.

» — M. Huraut de Cheverny (je vois clair en ces choses) se fait généreux aux dépens du roi de France; et le brevet d'un gouvernement ne lui coûtera que la peine de le sceller.

» — En surplus, malgré sa barbe grise c'est un vert galant.

» —Oui, lequel, pour se faire bien venir du roi, joue l'amoureux de vingt ans et nargue goute et gravelle. Il lui manque seulement des bâtards pour être parfait courtisan.

» — Arrive que plante. »

Madame ma tante n'en sera pas quitte pour trois grossesses; ce qui fait dire à M. d'Escoubleau : « J'ai de beaux enfants scellés aux armes du roi de France.»

En somme, M. de Cheverny que ci-dessus j'ai maltraité trop durement, est plus ridicule que je n'ai dit; mais il sert des pieds et des mains la cause de ses amis, pourvu que son intérêt y soit aussi mêlé. Bouffon malgré lui à rendre jaloux maître Guillaume, avare, mais non du bien d'autrui, adulateur et faux, je l'ai toujours attaché à mon char et à ma fortune. Ce ne sont ni charges ni dignités nouvelles dont il se soucie; mais il veut garder les sceaux sa vie durant, et par-dessus tout être bien en cour. Je lui fis la promesse de le baiser en présence de tous le jour de mon mariage et couronnement (1).

Un des premiers jours de février, au soir,

---

(1) Tout ceci, sans doute, se rapporte aux intrigues de M. de Cheverny pour décider le roi à épouser Gabrielle d'Estrées; la mort de

ma sœur Julienne jouant de l'épinette pour notre plaisir, madame de Sourdis et moi devisions de nos amours, toutes deux contre la cheminée et sans autre luminaire que la flamme du foyer; M. de Cheverny entra dedans la salle avec une personne que par l'obscurité je ne reconnus d'abord. « Mesdames, dit le chancelier, tandis que vous sonnez de la musique et parlez bas, baillez licence aux arrivants de se chauffer à votre feu. »

Il s'assit et fit seoir son compagnon sans mot dire; je ne m'inquiétai de ces nouveau-venus et poursuivis mon propos avec madame de Sourdis.

» — A cette heure, dis-je imprudemment, que fait le roi?

» — Il pense et repense à votre inhumanité, répondit madame de Sourdis.

» — Ce n'est répondre à ma question; je demande à quoi s'occupe sa vaillance.

---

celle-ci ne permit pas l'accomplissement de ce projet. Voir les troisième et quatrième volumes.

(*Note de l'éditeur.*)

» — Le roi, depuis qu'il a échoué dans la surprise tentée contre Paris à la journée dite des Farines par messieurs de la Ligue (1), s'est retiré à Senlis, d'où il tient en alarmes les villes de Provins, de Troyes et de Sens.

» — Vraiment, ma tante, vous savez les affaires mieux qu'un chancelier de France.

» — Ajoutez, reprit M. de Cheverny, que pour le présent bien peu sont informés de ce qu'est devenu le roi.

» — Par mon saint patron! m'écriai-je, est-ce vérité?

» — Je ne suis toutefois en peine de Sa Majesté.

» — J'ai besoin d'être rassurée, car le roi s'expose loin de son armée et quasi sans suite;

---

(1) Le 19 janvier, des gentishommes royalistes, déguisés en paysans, se présentèrent à la porte Saint-Honoré, que M. de Belin, gouverneur à la place de M. de Nemours, avait fait terrasser; ils devaient embarrasser cette porte de sacs de farine, pour laisser le temps au roi, qui était aux environs avec son armée, de s'emparer de la ville. Mais la ruse fut découverte, et dite la *Journée des Farines*. Une fête annuelle, pendant la Ligue, était célébrée en mémoire de cet évènement.

(*Note de l'éditeur.*)

au risque de tomber parmi des bandes ligueuses.

» — On croit que Sa Majesté est à Tours afin d'apaiser un différend élevé entre MM. les cardinaux de Lenoncourt et de Vendôme, qui s'intitule du nom de Bourbon, son oncle le vrai cardinal de Bourbon étant décédé.

» — Qui croit cela? interrompit madame de Sourdis, non pas nous, je vous jure.

» — J'imagine plutôt, repartit madame de Brancas, que le roi fait l'amour en quelque moulin ou hôtellerie.

» — Sire, dit Périnet entrant un flambeau en main, le beau plaisir d'être avec des dames et sans jouir de leur vue! »

Ces paroles et l'éclat des lumières me firent regarder vis-à-vis moi, et la personne que M. de Cheverny avait amenée, et laquelle se tenait coite en un coin sombre du foyer, redressa la tête au bruit; je vis le roi face à face, et de pudeur le pourpre me monta au visage. Je poussai un petit cri et m'enfuis par les degrés sans m'apercevoir que le roi, me voulant retenir au passage, avait en main un morceau de ma robe : « Ventresaintgris! dit-il, suis-je venu faire le personnage de madame Putiphar forçant Joseph? »

Je m'en allai riant de la peur, et m'enfermai en ma chambre sans clore l'œil jusqu'au lendemain matin ; quand je fus levée et descendue en la galerie, Périnet vint de la part du roi qui demandait audience; je ne la pouvais refuser ni retarder, à moins de paraître revêche et impolie; seulement j'ordonnai à Périnet de ne se point ou peu éloigner. Le roi, qui était aux aguets contre l'huis, n'attendit pas qu'on l'avertît, et s'offrit vêtu en petit gentilhomme campagnard :

« Madame, dit-il, je m'en veux à la mort pour la peur que je vous causai hier soir.

» — De fait, sire, je fus un peu étonnée de vous voir céans alors que je vous pensais bien loin.

» — La faute en est à cet imbécile, fit-il montrant au doigt Périnet, lequel est trop grand astrologue pour prendre garde aux choses d'ici bas.

» — Sire, répondit Périnet, je suis arrivé peut-être à temps pour empêcher madame et maîtresse d'affliger vos amours par trop de franchise.

» — Ta science est en défaut, Périnet, dis-je alors, car le roi absent, je me fais scrupule d'en mal parler, et de même je dirais à lui présent ce que je tairais aux autres.

» — Dites, ma mie, s'écria Henri, dites et faites-moi plus joyeux encore que ne m'a fait votre lettre.

» — Sire, ne vous offensez d'une tromperie qui n'est pas mon fait ; ladite lettre ne fut pas adressée par moi.

» — Quoi! mignonne, ce n'est ton écriture ni ton seing? ce ne sont pas tes pensées?

» —Oui bien, sire, mais le tout pour Bellegarde.

» — Vive Dieu! par qui suis-je joué? Cheverny ou la Sourdis?

» — Sire, ils ont cru bien faire, et pardonnez-leur comme j'ai fait.

» — A si gentille requête on obéirait, fût-on plus roi que je ne suis. Mais parlons de ce qui me touche.

» — Sire, Bellegarde est plus que devant fidèle et constant.

» — Je m'en défie et vous renvoie à plus ample informé. Donc la lettre qui avançait tant mes affaires mise à néant, je recommence mon train d'amoureux poursuivant?

» — Sire, au lieu de ce temps perdu, que n'allez-vous dresser le siége devant Chartres?

» — Je suis bien aise, la belle, que ce dessein t'agrée, et je m'y décide pour l'amour de toi.

» — Ensuite, la ville prise, ne veuillez pas de mal au gouverneur, M. de La Bourdaisière, qui est mon oncle.

» — Je te jure, ma chère, que je le traiterai de telle amitié qu'il désertera la Ligue. Mais toi, n'as-tu rien à demander?

» — Je ne souhaite rien, sire; mon ami d'enfance, M. Zamet, se plaint que je n'use guère de ses finances.

» — Vrai Dieu! ma fille, le seigneur Zamet est plus riche qu'un roi de France et de Navarre; mais pourquoi s'est-il fait ligueur, ce favori du feu roi Henri?

» — Sire, il est royaliste de cœur et de pensée ; mais ses gros biens font qu'il reste neutre et attend pour se déclarer que vous soyez en votre Louvre.

—» Çà, prêterait-il volontiers ses écus au denier vingt?

» — A vous, sire, il baillerait la moitié de sa seigneurie, qui est de dix-sept cent mille écus.

» — Ventresaintgris! si tu disais vrai, j'engagerais les grosses cloches de Notre-Dame et les têtes fourrées des prédicateurs ligueurs espagnolisés. »

J'avais par là distrait Sa Majesté de ses amours, et je discourais sur cette matière politique, quand le roi, comme éveillé subitement, revint à ses moutons sans que j'y prisse garde d'abord.

« Sire, dis-je, patience va plus vite en besogne que violence.

DE GABRIELLE D'ESTRÉES. 89

» — Votre conseil est à considérer, ma chère âme, et je n'y ferai faute.

» — Je sais les bons moyens pour plus de succès.

» — Dites-les : j'écoute d'oreille et d'âme.

» — Je prends sur moi-même d'obtenir l'agrément de M. Zamet.

» — Oui dà! M. Zamet est-il le maître de ce que vous savez bien?

» — Sans doute, sire, j'emploierai seulement mon petit pouvoir pour le faire consentir eu égard à Votre Majesté.

» — Or, madame, Bellegarde n'est pas le seul de vos amis sur qui je dois l'emporter?

» — Qu'est-ce à dire de Bellegarde, sire?

» — Mais vous-même, madame?

» — Sire, je parlais à vous des chances pour puiser au coffre-fort de Zamet.

» — Et moi des chances de mon amour.

» — Elles ne sont guère meilleures, sire, qu'au premier jour.

» — Je vous sais bon gré, ma mie, de me prouver qu'il est des dames fermes de cœur non moins que de corps.

» — Avant moi, sire, madame de Guercheville et d'autres vous avaient tenu pareillement rigueur.

» — S'il plaît à Dieu! chère belle, dix jours que je passe en cette maison à l'insu de ma cour pour contempler vos attraits et attendrir votre dureté, vous en diront plus que je ne fais en cet instant. Accordez-moi seulement de ne prononcer point le nom de Bellegarde, qui me blesse mieux qu'une lame acérée dedans le cœur. »

Ces dix jours me semblèrent un piége inévitable ; non que je doutasse de ma fermeté, mais par crainte des violences coutumières de Henri. Ma tendresse n'était moindre pour Bellegarde dont je n'avais nouvelle quelconque ; au contraire je m'acharnais à l'aimer pour m'aguerrir contre le roi. Icelui me suivait comme à la piste, et sans l'accompagnement de Périnet j'aurais encouru des périls effroyables pour une pucelle de noble maison. Tantôt prières et supplications allaient leur train, tantôt désespoir, ire et menaces. Je résistais à tout ; mais la plus haute force a des quarts d'heure de faiblesse ;

je pleurais et invoquais mon saint patron; mais rien n'eût fait, car ma tante de Sourdis, M. de Cheverny et ma sœur Julienne me fermaient toute porte de salut. Le quatrième jour au soir, Périnet me voyant désespérée jusqu'à me vouloir précipiter de la fenêtre, me conseilla en ces termes :

« Fuir, il y faut renoncer, du moins pour cette heure, car vous êtes trop mieux gardée et veillée que M. de Guise en sa prison.

» — Donc, pour être plus sûre de ne pas céder, je m'ouvrirai les veines.

» — Ma chère dame, j'ai de fortes raisons pour vous encourager à la résistance, quant à ce temps ici; pour ce je ne vois d'autre expédient que de contrefaire une maladie.

» — Je remplirai la comédie de meilleur cœur que pour sauver M. Yves d'Alègre. »

Le lendemain je fis beau bruit de lamentations comme si j'allais rendre l'âme. Le roi, plus mal à son aise que je n'étais, envoya quérir son premier médecin Alibour, et se planta pleurant au chevet de mon lit. Sitôt qu'il entendit venir le médecin, il s'en fut à sa rencontre dedans la salle prochaine, d'ou j'entendis le propos suivant qui me donna moult à penser touchant la santé du roi.

« Par Hippocrate ! s'exclame le vieux bonhomme d'Alibour, vous n'aurez onc guérison à mener ce bon train de vie.

» — Mon vieux, reprit le roi, ce n'est point à cause de moi que je vous ai mandé.

» — De fait, mes ordonnances ont dû vous faire oublier la religieuse de Longchamps.

» — Foin de la religieuse et de tes ordonnances ! Voilà tantôt huit mois que je suis tout frotté d'onguents ; mais ce n'est ce dont il s'agit.

» — Quelque fille grosse ou en mal d'enfant ?

» — Ici, bonhomme, mettez vos besicles ; car la santé de cette dame a cent fois plus de prix que la mienne. »

Alibour était renommé à la cour et à la ville pour son idée de voir des grossesses, voire même chez les pucelles; Henri, par raillerie, lui disait souvent, la main au ventre : « Bonhomme, j'ai si grand'peur de la loi salique, que, d'aventure, je vous demande si je ne suis en état de faire un enfant. »

Cette folie singulière causa la disgrâce d'Alibour, qui en mourut de chagrin. Il entra dedans la chambre où j'étais couchée ; là autour, mesdames de Sourdis et de Brancas, comme aussi Louison ; il avait ressemblance avec Hippocrate, par qui à tout propos il jurait ; sa haute stature et sa maigreur, sa grimace et son branlement de tête faillirent me donner à rire.

« Par Hippocrate ! dit-il, que de soins et de dorlotements ! on croirait une femme en couches.

» — Alibour, reprit le roi, cette cure vous vaudra, outre ma reconnaissance, une belle somme.

» — Est-elle à demi-terme ? » demanda-t-il par habitude ; mais se ravisant : « Sire, fit-il d'un air d'intelligence, en quels termes est Votre Majesté avec cette demoiselle ou dame ?

» — Bonhomme, repartit le roi en colère, ce ne sont là de vos affaires. »

Il tâta mon pouls, examina l'occiput, d'où je disais souffrir, bien assurée qu'on n'y verrait rien ; puis barbota ces mots : « Que si je n'étais aussi persuadé de la vertu de madame....! » Il s'arrêta là-dessus au coup d'œil que lui fit Henri en colère. Alibour alla vers chacune des dames, ou plutôt vers leur ventre, disant à madame de Sourdis : « Madame, ce sera une fille. » En effet ma tante eut d'abord une fille de son chancelier. Puis il dit à Louison : « Dans deux ou trois mois vous me ferez querir. » Puis à ma sœur Julienne :

« L'enfant remue, n'est-ce pas ?

» — Vous moquez, maître Alibour, dit notre tante, madame ma nièce est mariée seulement depuis deux semaines.

» — Par Hippocrate ! qui vous dit que l'enfant n'est pas l'aîné du mariage ? »

La saillie excita quelques ris, non de la part de ma sœur, qui, soit hasard, soit autrement, accoucha le sixième mois après les noces. Enfin Alibour, que je cuide plus qu'à moitié fou, me médecina comme à la grâce de Dieu. Sur ce, M. de Chéverny vint triomphant annoncer au roi que M. de Biron avait investi la ville de Chartres, ce même jour neuvième de février.

« Sire, dit-il, vous avez donné le change aux ligueurs, et la ville se trouve sans autre garnison que les bourgeois, il est temps que vous y veniez, et le siége ne durera guère.

» — Cheverny, reprit le roi, allez me remplacer où je n'ai que faire, je demeure ici tant que ma Gabrielle sera mal portante.

» — Sire, dis-je, faites votre devoir; je serai bientôt guérie.

» — Dépêchez-vous, répondit-il, mon cher tout, de reprendre vos belles couleurs, je ne demeurerai que davantage. »

CHAPITRE III.

Résolution de Gabrielle. — Le fidèle serviteur. — L'habit de page. — Les chevaux de M. de Cheverny. — Quiproquo, faute de lumière. — Un médecin dans le lit de Gabrielle. — Fuite. — Courage et projet. — Mariage des étoiles. — *Qui vive?* — Bellegarde chez madame de Guise. — Révélations indiscrètes. — L'infidèle à l'épreuve. — Oui ou non. — Adieu! — Les onze mille vierges. — Douleur de Gabrielle. — Sorte de consolation. — Où aller? — Une façon d'aimer. — Les courriers. — Lettre de Henri IV. — Amour chevaleresque. — L'entremetteuse. — Gabrielle menacée de mourir pucelle. — Le G et l'H. — Grimoire d'astrologue. — Le chanteur. — *Charmante Gabrielle.* — Le meunier. — Passage des Ligueurs. — Accueil fait au meunier. — Ingratitude. — Caprice de femme. — Récit. — Le roi demande conseil au bouffon. — M. de Rosny écoute aux portes. — Les blessures d'un bon royaliste. — Route et rencontre. — Manière de prendre une ville. — Les gentilshommes au moulin. — Henri IV enfariné. — Larmes de fierté. — L'Amour qui point. — Vous chantez, j'en suis bien aise. — La chanson d'Henri IV, et le livre d'Heures. — Tête-à-tête. — La rivale de Gabrielle. — Serment téméraire. — Chassez l'amour, il revient au galop. — Le devoir d'une maîtresse. — La lettre et le messager. — Confession forcée. — Encore mademoiselle de Guise sur le tapis. — Réponse. — Présage tiré d'une lettre brûlée. — Les épaules de Rousse. — Les faux meuniers. — Les jupes et l'enseigne. — Adieux du roi.

La façon dont allaient les choses me donnait matière à réfléchir. Je pensai que sitôt ma convalescence, laquelle ne pouvait faillir malgré les recettes du docteur Alibour, le roi, de gré ou de force, mettrait à mal ma virginité. Donc je résolus, par un dernier effort, de m'assurer contre des attaques trop drues et trop fréquentes.

« Mon ami, dis-je à Périnet, cette nuit, à quelque prix, je veux départir, par fuite, ruse, déguisement ou autre expédient.

» — Quoi que vous fassiez, répondit-il, vous n'échapperez à l'amour du roi, comme vous êtes prédestinée ; mais si tant est d'exciter ledit amour et de reculer votre défaite, je vous approuve de ce faire.

— « Méchant, tes constellations et toi mentez d'annoncer que je doive aimer autre que Bellegarde.

» — Oui, si Bellegarde aime une autre que vous.

» — C'est ce qu'il faudra voir, et, pour cette raison, ce soir je serai hors de Mantes.

» — N'importe ce que vous commanderez, votre petit serviteur dira : Votre volonté soit ! »

Sans autrement découvrir mon dessein, je priai Périnet d'avoir pour or ou pour argent des habits de page à ma taille environ. Il ne me dit point, où les aller prendre? mais defait il apporta un vêtement entier : pourpoint de velours noir, grègues semblables, l'épée et le chapeau emplumé.

« Maintenant, dis-je, en te remerciant de ton zèle, ami, trouve-moi des montures, chevaux, ânes ou mules, car avant demain matin nous aurons couru douze lieues.

» — Quoi donc! allez-vous encore à Paris?

» — J'attendrai pour te dire ce que j'ai résolu. »

Les lumières n'étaient pas éteintes en l'hôtel que Périnet entra dedans ma chambre, où j'étais seule demeurée sous couleur de dormir, et me dit :

« Madame, l'instant est propice : le chancelier et madame de Sourdis sont à s'ébattre amoureusement ; le roi absent et affairé en ville; maître Alibour n'est pas moins occupé à courtiser mademoiselle Louison, qui se raille de lui.

» — Et des cheveaux sellés?

» — Ceux de M. de Cheverny, qui cette nuit se rend au siége de Chartres.

» — Bien, mon cher Périnet; mets tout en ordre et reviens le temps que j'aie pris ces gentils habillements.

» — Le joli page que vous ferez en cet équipage! »

Périnet alla veiller au départ, et je me fis page par métamorphose. Selon le signal convenu, Périnet ayant sifflé d'en bas, je commençai de descendre les degrés sans lumière, et à l'instant que le vieil Alibour les montait d'un pas lent et lourd. Je lui fis passage; mais comme il se guidait au mur, il me saisit par le bas de mes braies, et je ne pus retenir un cri soudain. « Par Hippocrate! dit-il, mauvais démon de page, as-tu peur que j'en veuille à tes chausses? Nenni, mon mignon; j'accoucherais plutôt le diable que de commettre telle vilenie. » Je me gardai de répondre et le laissai suivre son idée qui le menait en ma chambre voir comme je me portais; mais à peine était-il au-dedans, que je fermai l'huis à double clef et joignis Périnet, qui m'attendait avec ses chevaux. Il me mit en selle, et fit de même ; après quoi nous passâmes au travers des gardes et des valets. « Mes amis, dit-il, en cas que M. de Cheverny mande de mes nouvelles, vous direz que je suis allé avec M. de Gordon, page du roi, à la commission qu'il m'a donnée à remplir. » De cette sorte nul ne s'opposa à notre sortie, sinon un valet d'écurie qui dit à Périnet :

« Pourquoi emmener les chevaux frais de monseigneur le chancelier ?

» — Imbécile ! reprit Périnet, veux-tu pas savoir les affaires d'État ? »

Quant à maître Alibour, comme il me fut dit ensuite, les santés qu'il avait portées à Louison et le vin de la veille lui troublant la visière, il s'ébahit grandement de voir le lit vide et chaud encore, chercha par toute la chambre si je n'étais cachée en un coin, et de désespoir se coucha à ma place, où il fut trouvé dormant et ronflant. Son embarras fut grand de dire ce que j'étais devenue, et il jura qu'un sorcier l'avait transporté dessus ce lit pour lui ôter l'amitié de son maître; il jura en outre que du bout du doigt il ne m'eût point touchée, ce qui fut facile à croire. Henri le menaça d'avoir la tête tranchée s'il m'arrivait malheur quelconque, et ce bon roi ne fut jamais en si furieuse colère.

Cependant nous chevauchions devers Chartres en toute assurance; car, pour déjouer les poursuites, nous prîmes une route détournée qui fit croire que nous allions à Cœuvres. La nuit était vêtue de deuil, et la gelée à fendre les pierres. Nos chevaux allaient plus volontiers le trot que l'amble.

«Madame et maîtresse, dit Périnet, à présent que vous n'êtes plus en chartre privée, faites-moi part de votre résolution.

» — Je m'en vais d'une traite au camp royaliste devant Chartres.

» — Oui, mais Dieu soit loué si nous évitons le régiment du capitaine de La Croix, qui vise à se jeter dedans la ville assiégée.

» — Je me soucie peu de ces dangers et embûches.

» — J'aimerais mieux ce courage en votre frère, M. de Cœuvres, que chez vous. Mais où tend ce voyage ?

» — A un bon mariage qui me délivre des importunités du roi. »

Il se fit un silence à ces mots, causé par l'étonnement de Périnet et par mes soucis ; mais le ciel venant à se dénuager et étoiler, Périnet leva sa dextre vers une étoile scintillant au fond de l'horizon.

« Madame, dit-il, cuidez-vous qu'il soit possible de rapprocher cette étoile de telle autre que vous voudrez? ainsi est dudit mariage. M. de Bellegarde n'a pas droit à être plus que votre ami, et l'unir à vous par alliance légitime ce serait marier deux étoiles, chose impossible de soi.

» — Périnet, ne dites pas ces choses, car je croirais que vous vous liguez aussi contre ma volonté.

» — Madame, tant que j'aurai le souffle au

corps et un battement au cœur, je vous réponds de mes loyaux services.

» — Enfin de M. de Bellegarde dépend ce qui doit suivre, et je m'en lave les mains comme fit Pilate. »

Je parvins aux approches du camp bien avant le petit jour, qui en hiver tarde à poindre. Les sentinelles de loin crièrent : Qui vive! et auraient fait feu de leurs arquebuses, si Périnet, à défaut du mot d'ordre, n'avait nommé M. de Bellegarde, disant venir de la ville de Mantes de la part du roi. A ce compte l'entretien s'engagea.

« M. le duc de Bellegarde, dit un gentilhomme accouru au bruit, n'a point passé la nuit au camp, et ne sera de retour qu'à ce matin.

» — Par mon saint patron! m'écriai-je troublée d'un soupçon.

» — Ne pourrait-on l'avertir, reprit Périnet, que des gens de Sa Majesté le demandent?

» — Cap dé Diou! répondit le gentilhomme en qui je reconnus Chicot, le compère Roger, qui fait plus volontiers la guerre à Vénus qu'à Mars, est de séjour à la maison de plaisance de madame la duchesse de Guise.

» — Bon Dieu! qu'y faire? interrompis-je.

» —Par la Ligue! il vous en fera part : prendre du bon temps, rire, boire, aimer mademoiselle de Guise, n'est-ce rien ou peu de plaisir?

» — Mahom! répondit Périnet, c'est affaire à un ligueur plutôt qu'à un franc et vrai royaliste.

» — Les dames ne tiennent à la Ligue plus que la bague au doigt, repartit Chicot; et Bellegarde, après avoir occis aux états de Blois M. de Guise, fait l'amour à sa veuve et à sa fille pour l'oubli du passé.

» — Périnet, dis-je suffoquée à demi de sanglots, rebroussons chemin.

» —Vous êtes bien hâtif, beau page, dit Chicot; mais voici M. de Bellegarde qui revient avec M. de Givry, chantant des motets en l'honneur de leurs belles.

» —Mon ami, fis-je bas à Périnet, tire à part

M. de Bellegarde, auquel je veux proposer un argument à résoudre. »

Périnet s'en alla à franc étrier au-devant de Bellegarde, qui, tout échauffé de l'orgie, le voulut d'abord perforer comme un de l'Union. Tandis que mon domestique parlementait avec le déloyal, Chicot, qui me croyait page des pieds à la tête, donna cours à sa langue :

« Petit, dit-il, quelque jour tu auras une dame à servir, alors souviens-toi de n'imiter pas M. de Bellegarde.

» —Monseigneur, dis-je, M. de Bellegarde a bonne renommée, et j'ai ouï conter qu'il aime une noble demoiselle, sa fiancée.

» —Cadédis ! madame Gabrielle d'Estrées ! une perle en grâces et beautés, que j'aimerais, moi Chicot, si le roi mon maître n'avait pas même fantaisie.

» — Oui-dà ; mais pensez-vous que la dame soit quasi autant traîtresse et lâche que M. de Bellegarde ?

» —Mon fils, pour ta conduite en ce bas

monde, sache que les femmes sont faites de leur nature pour tromper les hommes. »

Sur ce, Bellegarde galopait vers nous, criant :

« Où donc est-elle, maître fourbe?

» —Ici, dis-je sans quitter les étriers, et n'ai que deux mots à vous adresser. »

Je poussai mon cheval contre une haie, où me joignit le perfide.

« Monsieur de Bellegarde, lui dis-je rudement, pas de questions oisives quant à ma venue et à mon déguisement étrange peut-être.

» — Vive Dieu! ma belle, fit-il se ravisant, sommes-nous au bon temps de la chevalerie errante, et vous faites-vous Bradamante ou Jeanne d'Arc sans mon assentiment?

» —Il n'est pas l'heure de rire, monsieur de Bellegarde, et me tairai sur l'endroit d'où vous venez.

» —On vous aura dit, ma chère dame, mille sornettes et billevesées; mais je couperai la langue à l'imposteur.

—Monsieur le duc, écoutez-moi, et répondez par oui ou non.

» —Ah! ma mignonne, à d'autres instants les affaires, et ne songeons qu'au bien de nous revoir.

» — Monsieur, vous déclarez m'aimer d'amour, et les serments durent depuis tantôt cinq ans...

» —Je préfère la lèpre, la gale et mille morts, plutôt que de cesser vous aimer et adorer.

» —Ne faites pas tort à madame de Guise de tant de belles choses.

» —Vous ne le croyez point.

» —Or vous m'aimez véritablement ou ne m'aimez point. Gardez de m'interrompre. Je me vois fort incertaine de ce que je dois décider en cette alternative; tâchez d'éclaircir mes doutes. Si vous m'aimez et comptez être mon mari, menez-moi tout à l'heure en vos terres et m'épousez.

» — Ma Gabrielle, avez-vous cœur à me railler?

» —Qui de nous deux raille en ce moment?

ce n'est pas moi, et sur ce point répondez.

»—Vive Dieu! comment puis-je, quelque envie qui m'en tienne, déserter les drapeaux du roi?

»—Ainsi vous refusez?

»—Non, sur mon âme! mais laissez-moi le loisir d'obtenir le congé du roi, et d'ailleurs un mariage n'est pas de si peu d'importance.

»— Monsieur de Bellegarde, à ce coup dites oui ou bien non, et qu'il n'en soit plus parlé.

»— Mais, ma chère dame, qui vous presse de terminer cette alliance sans me donner répit, et n'était-ce pas chose convenue entre nous d'attendre la fin de la guerre pour y penser?

»—Encore un coup, je ne me contente de raisons frivoles, et ce qu'il me faut, c'est un bon mariage, aujourd'hui plutôt que demain.

»—Pourquoi cette hâte en semblable affaire?

»— Pour ce, que si demain je ne suis votre épouse, le roi me fera enlever pour ses plaisirs.

» —Vive Dieu ! c'est là de quoi tant s'effrayer ! Le roi est de tempérament fort amoureux ; mais il se ferait plutôt moine que de forcer une femme, de si basse naissance qu'elle fût.

» —Trève à tous ces propos ; une dernière fois vous plaît-il de m'épouser ?

» —Patientez encore tant seulement quelques jours...

» —Pas une minute en plus.

» —Mon cœur dit oui ; et mon devoir, non !

» —Dieu vous gard' ! monsieur de Bellegarde. »

Là-dessus, outrée plus que je ne peux dire, j'appelai Périnet et mis mon cheval au galop. Bellegarde fut si stupéfait de ma brusque et rapide repartie, qu'il demeura immobile, sans voix ni mouvement. M. de Givry, qui venait à la rencontre, pensa m'arrêter en disant : « Page, mon ami, de quelle part viens-tu ? Dis-moi des nouvelles de ta maîtresse, que j'en régale madame de Guise. Bellegarde est un galant sans foi ni loi qui a des amies jusque parmi les ligueuses, et après sa mort dépucellera les onze mille vierges!» Je m'écartai de ce vilain ivrogne, et fus suivie de Périnet, qui me dit d'un air marri :

«Que s'est-il passé, madame? et à quand votre mariage?

» — Mon ami, Bellegarde est un ingrat, fis-je en pleurant à chaudes larmes ; je n'en veux plus ni pour ami ni pour époux, et vais me rendre religieuse comme ma sœur Angélique, à Maubuisson.

» — N'est-il que M. de Bellegarde en France pour vous aimer comme vous valez, et est-ce un topique à vos douleurs qu'une guimpe et un béguin?

» — Pour Dieu! Périnet, que vais-je devenir, méprisée de M. de Bellegarde au profit de mademoiselle de Guise !

» — Ma chère dame, songez à certain traité par lequel un grand roi vous offre en consolation son amour et ses services.

» — Nenni, je ne le puis aimer ni ne m'y forcerai.

» — La cause, je vous prie?

» — Son grand nez me semble par trop effrayant, et je n'aime que Dieu après MM. d'Aumale et Bellegarde.

» — Quand vous serez mieux rássise, vous auréz sujet de vous réjouir; mais en quel lieu vous rendez-vous de ce pas?

» — Je ne sais et ne m'en soucie.

» — Retournez à Mantes ?

» —Après ma fuite, on rirait bien du retour, et j'aurais l'air de revenir au roi.

» —Pourtant, il ne fait pas bon de vaguer par la campagne au froid qu'il fait.

» — Je ne le sens pas, tant je suis animée d'ire et d'indignation.

» — Irez-vous à Paris ?

» — Non, sur ma vie! Feu M. le chevalier d'Aumale est à peine enterré. D'ailleurs les siéges et les famines ne sont pas à rechercher.

» — La traite est longue d'ici à Cœuvres, plus de vingt-cinq lieues, je pense.

» —Bon! nous avons de bonnes montures, et de l'argent en poche pour les nourrir.

» — Mais à Cœuvres, vous demeurerez sans vos frère ni sœurs.

» — J'en serai plus paisible pour penser à la méchanceté des hommes et maudire M. de Bellegarde et sa demoiselle de Guise, la plus franche catin de la Ligue.

» — Oui, mais d'ici là les partis du duc de Mayenne nous arrêteront peut-être au passage.

» — Vaille que vaille! Au demeurant, tant plus il y aura de ligueurs autour de Cœuvres, tant plus je serai prémunie contre les visites du Béarnais. »

Au fond de l'âme je ne haïssais pas le roi comme je le disais ; même je sentais mon orgueil flatté de ses poursuites et mon cœur enclin à l'admirer. De fait, j'ai su depuis qu'au blocus de Paris ce non trop admiré prince de sa main donnait la pâture aux pauvres assiégés, et que, sans l'opinion de ses généraux, il eût levé le siége plus tôt afin de ne point décimer ses sujets par la famine. Quand M. de Rosny me détailla ce fait : « Sire, m'exclamai-je, arrière les César et les Alexandre ; cette bonté magnanime vaut mieux que toutes leurs victoires et les vôtres ensemble. » J'ai expérimenté que l'admiration n'était pas moindre que l'amour, ou plutôt que l'amour dérivait sans peine de ladite admiration. Voilà comment je parvins à aimer Henri.

Je fus bien trois jours pour me rendre à Cœuvres sans encombre, et pendant ce temps je donne à penser ce que le roi pâtit d'inquiétudes. Il voulait s'employer à me chercher, mais ses amis l'en dissuadèrent par mainte bonne raison, et du midi au septentrion, de l'orient à l'occident des courriers furent dépêchés sur mes traces; c'est miracle qu'il ne m'aient rencontrée. On apprit que j'avais été en droiture au camp de Chartres, mais ensuite, comme j'avais évité les villages, on ne sut la route que je tenais. Toutefois à peine arrivée en la maison de mes pères, ma sœur Julienne, par ordre du roi, me rejoignit avec mon carrosse et mes domestiques, pour me faire compagnie et plaider la cause de Henri, que ma fuite avait affecté d'une grosse fièvre. Il m'envoyait une lettre fort chagrine dont voici la teneur :

« MA CHÈRE AME,

« Vous êtes cruelle en vos faits comme en
» vos paroles, je suis plus à plaindre que je ne
» dirai; car depuis votre fuite inopinée, je me
» fonds en eau par les yeux : trouvez-en un qui
» vous aime mieux. Bellegarde est le plus grand
» déloyal qui soit au monde; j'en viendrai à ce
» point de le combattre à outrance pour voir
» qui vous possèdera. Mais, vraie Dieu ! qu'ai-je
» fait pour être traité trop inhumainement ? Mon
» infortune est de n'avoir pas la puissance de
» vous non ou moins aimer ; je suis en humeur
» de venir à vos genoux requérir mon pardon,
» si je vous ai offensée. Mes amis se bandent
» contre moi et m'empêchent, disent-ils, de
» tendre la main aux fers de la Ligue et la gorge
» au poignard des Jacques Clément; car la
» Picardie et surtout les alentours de Cœuvres
» sont pleins d'ennemis. Je donnerais la moitié
» de ma vie pour être où vous êtes. Enfin il ne

» sera pas dit que des canailles ligueuses me
» frustreront d'une telle félicité. C'est tourment
» intolérable d'être loin de l'objet adoré, fût-on
» roi de France et de Navarre; ce qui ne console
» guère. Donc, soignez votre chère santé et, s'il
» se peut, efforcez-vous de me tenir moins
» rigueur. Je vis pour penser à vous et en
» pensant à vous; sans vous je ne me soucie de
» vivre.

» Votre HENRI. »

Madame de Brancas ma sœur remplit bien son office d'entremetteuse pour ouvrir mon cœur à l'amour du roi, et je lui dis tout à plat :

« Madame ma sœur, je veux bien que vous gagniez gros à ce vilain jeu; mais par grâce n'allez pas jusqu'à m'importuner; j'aime qui qui bon me semble, et si le nez du roi vous paraît si friand morceau, vous le pouvez prendre.

» — Mais, reprit-elle, votre mariage avec M. de Bellegarde manquant, et M. le chevalier d'Aumale mort, comptez-vous demeurer fille et pucelle ?

» — Si j'étais bien curieuse d'un mari, je n'aurais qu'à dire.

» — Vous parlez ainsi par dépit ; mais des rois, en avez-vous plusieurs à la main ?

» — Non pas ; mais déjà il a dépendu de ma volonté que le feu Henri troisième me nommât son amie, et je lui ai dit un grand merci.

» — Finablement, aimerez-vous le roi Henri?

» — Je ne sais.

» — Ne l'aimerez-vous onc?

» — Je vous dirai cela dans quelque vingt ans.

» — Sans être savante comme Périnet, je vous avertis pour votre horoscope que cette superbe ne réussira qu'à vous marier à quelque gentilhomme campagnard, à la façon de M. Bournel de Namps, mari de notre sœur Marguerite. »

Périnet qui écoutait ce propos sans mot dire, hocha la tête de pitié, et sur le calendrier d'un livre d'Heures traça du bec d'une plume les deux lettres G et H entrelacées devant le jour de Noel.

« Périnet, dis-je, quel signe du zodiaque est-ce ci?

» — Je démens, répondit-il, les mauvais présages de madame votre sœur.

» — Foin de l'astrologie ! dit madame de Brancas, Gabrielle se repentira d'avoir fait fi du plus offrant; ne marchande qui veut avec la Fortune.

» — En tout cas, dis-je, ce n'est le pouvoir, mais le vouloir qui m'aura failli.

» — Demain, ajouta Périnet, à vingt-trois degrés quarante minutes, Mars le beau et chevalereux entrera dedans la maison de Vénus. »

L'oracle s'accomplit, comme on verra ci-après.

Le lendemain, que solitaire en ma chambre, l'œil au ciel tourné, je pesais en mon esprit la déloyauté de Bellegarde et l'amour fidèle du roi, j'entendis le long des fossés chanter ce couplet, qui me fit tressaillir à cause de mon nom et de la voix que j'avais ouïe ailleurs :

> Charmante Gabrielle
> Féru de mille dards,
> Quand la gloire m'appelle
> Dedans les champs de Mars ;
>   Cruelle départie,
>   Malheureux jour !
> Que ne suis-je sans vie
>   Ou sans amour !

Ces gentils vers mis en musique avaient une douceur chatouilleuse à laquelle je prêtai s'l'oreille. Mais ce couplet dit, j'écoutai, espérant que le chanteur continuât ; lasse d'écouter en vain, j'allai voir de la fenêtre qui chantait de cette sorte, non sans en avoir le doute ; et venant à regarder dehors, j'avais la vue si trouble, que d'abord je ne vis qu'un brouillard qui, se dissipant, me montra seulement un meunier, lequel suivait le parapet du fossé, son sac de farine dessus les épaules. « Certes, dis-je en moi-même, ce n'est pas ce manant qui a si bien chanté une chanson où je suis nommée ; aussi le temps des troubadours et trouvères est passé! » J'étais à me ramentevoir l'air et le chant, lorsque Périnet entra de mauvaise humeur et préoccupé.

« Qu'est-ce, dis-je? rapporte-t-on des lettres de M. de Bellegarde?

» — Loin de là, répondit-il, mais quelqu'un souhaite vous voir.

» — Qui est celui-là?

» — Un meunier envoyé vers vous par le roi.

» — Ai-je donc cure et besoin de farine?

» — Madame, le bonhomme vous en dira davantage ; il attend à la galerie avec madame de Brancas.

» — Vraiment ce meunier est sans doute personnage d'importance, qu'on lui fait tant d'honneur.

» — A dire vrai, je pense qu'il n'a pas toujours mené des sacs au moulin. »

Sur ce un grand bruit lointain de trompettes dans la campagne vint à nos oreilles, et Périnet de s'exclamer :

« Dieu d'Isaac ! pourvu que ce ne soit l'armée ligueuse ?

» — Non ! dis-je, quand même il en serait ainsi, on ne mettra le château à sac et au pillage. »

Au même temps passait au galop une grosse troupe de cavalerie ; je reconnus en tête et au deuil qu'il portait de son frère le chevalier, M. le duc d'Aumale, qui me salua fort tristement, et les larmes me coulèrent des yeux.

« N'entreront-ils pas ? fit Périnet avec un soubresaut en arrière.

» — Ils n'en ont le loisir ni l'envie ; car ils vont joindre, je pense, l'armée de M. de Mayenne pour la délivrance de la ville de Chartres.

» — Dieu soit loué ! les voilà loin maintenant ! »

Je descendis avec Périnet en la galerie où le faux meunier, pour occuper le temps, embrassait madame ma sœur, qui ne faisait grande résistance. Le rire que je poussai à cette vue déconcerta l'un et l'autre ; et monsieur le meunier se montrant de face, je discernai sous la farine le roi Henri en personne.

«Sire, m'écriai-je, êtes-vous clerc de la Basoche, pour vous accoutrer si ridiculement?

» — Ma chère dame, reprit-il, je suis amoureux et capable des plus grandes folies.

» — Je m'en apercevais, sire, rien qu'à vous trouver pendu au cou de madame ma sœur.

» — Ventresaintgris! mes chères amours, je lui faisais des caresses par souvenir de vous.

» — Ceci n'est point un reproche, sire, car le tort n'est pas pour moi.

» — Ingrate fille! n'est-ce pas pour toi que j'ai affronté les ligueurs, la prison et la mort? Le plus fâcheux était de vêtir ces habits enfarinés.

» — En vérité, sire, j'avais eu même pensée.

» — Sire, interrompit madame de Brancas, comment avez-vous fait le meunier?

» — L'histoire n'est pas longue, répondit le roi, et vous la dirai si madame Gabrielle a du temps à perdre.

» — Sire, je rougirai pour vous de voir un si grand roi s'humilier à ce point.

— »En ce cas, tu comprendras si je t'aime, ma fille.

» — Je gage, sire, que cet accoutrement sort du moulin qui est auprès d'Attichy.

» — Vive Dieu ! tu connais mes retraites, et ce fat de Bellegarde t'aura narré tout au long l'aventure de la meunière.

» — Sire, fit madame de Brancas, ma sœur est en humeur de gronder ; ne vous en occupez pour le quart d'heure et contez.

» — Comme je vous écrivis, ma belle, dit le roi, j'étais tourmenté faute de vous voir ; j'aurais donné deux doigts et le pouce pour votre présence d'un moment. Or il n'y avait pas encore pointe de jour à l'orient que j'appelai Chicot :

« Mon ami, dis-je, toi qui as étudié la magie chaldéenne et égyptiaque, saurais-tu pas d'aventure un expédient quelconque pour me faire aviser Madame Gabrielle, de laquelle l'idée m'empêche de dormir la nuit.

» — Cadédis ! répondit Chicot, en magie comme en astrologie, en nécromancie comme en sorcellerie, en chiromancie comme en aéromancie, le vrai unique moyen de voir son amie, c'est d'y aller.

» — Oui-dà ! compère ; mais en Picardie, par la guerre qui court, il n'est pas une lieue de terre qui ne soit foulée par des bandes ligueuses.

» —Certainement, mon bon maître, mais plaisir ne vaut rien sans peine acheté.

» —Paroles d'Évangile : ce que je crains, c'est d'être pris en allant ; car du retour je m'en moque : ainsi parlait Léandre en nageant par la mer vers sa maîtresse Héro.

» — Un déguisement est un mystère d'amour, et je vous convie d'en user.

» — Que ne puis-je me métamorphoser en nuage ou en petit oiselet !

» — Sire, vous seriez en sûreté sous la double croix de Lorraine ou sous le capuchon d'un moine prêcheur de la sainte Union.

» —Nenni, la lèpre de la Ligue me démange déjà, et je veux garder fidélité au roi de France. »

» Nous en étions là quand arriva, sans se faire annoncer, Rosny, la figure couverte d'emplâtres des blessures qu'il reçut de la part des faux royalistes, sur le chemin de Dreux.

« Qu'entends-je, sire, dit-il, que vous vous en allez chercher des aventures en Picardie?

» — Comment, mon ami, repris-je, vous écoutiez à l'entrée? Au fait, si j'avais au cœur une petite fenêtre, je vous prierais d'y regarder.

» — Oui, monsieur de Rosny, s'écria Chicot, je vous vois en grosse colère de ce que vous ne serez pas des nôtres.

» — Par saint Maximilien, mon patron! fit M. de Rosny, j'irai partout où s'en ira Sa Majesté, et davantage s'il s'agit d'un danger à courir.

» — La guerre et la Ligue, dis-je en riant, n'ont rien à démêler en cette affaire de galanterie.

» — Sire, réitéra M. de Rosny, je ne vous quitterai pas en cette entreprise folle et mainte autre, jusqu'à ce que vous soyez roi tout-à-fait.

» — Cap de Diou! monsieur de Rosny, repartit Chicot, vous avez bien la rage des mauvais coups! Mais cette fois je défierais de trouver sur votre visage une place où mettre une blessure.

» —Par monseigneur mon noble père! s'exclama Rosny, j'ai mission d'en haut pour veiller en ange gardien sur le chef précieux du roi, et suis prêt à monter à cheval.

» —Mon pauvre ami, répondis-je, j'estime grandement ta grandeur d'âme, et le premier gouvernement qui vaquera sera pour t'en récompenser; mais demeure aux mains d'Alibour, et contente-toi d'avoir la lèvre percée d'outre en outre; le cou traversé d'une balle, les joues criblées de petites dragées et l'œil droit demi crevé.

» — Nargue de cela, sire! je vous suivrai à moins de me couper les deux pieds. »

» Voyant l'entêtement de ce digne serviteur, je désignai MM. de Launoy, de La Guiche, de Bellangreville, de Tilly, et de quelques autres, outre Chicot et Rosny, et le départ se fit fort secrètement avant l'aube, sans dire où je tendais.

« Messieurs, leur dis-je, permettez-moi d'être votre capitaine, et je prends tout sur mon compte. En cas de mauvaise rencontre, gardez vos épées pour un cas désespéré, et laissez faire à mon éloquence. » Nous chevauchâmes jusqu'auprès de Soissons sans voir autres figures que des paysans et laboureurs; mais voilà qu'aux environs d'Attichy un gros de ligueurs nous ferma la route; mais nos croix de Lorraine et nos vêtements sans écharpes blanches disaient de loin que nous étions des leurs. On cria «Qui vive?» et je répondis haut et clair: «Amis! Vive la sainte Union!» Quand nous fûmes proches, le chef de ces gens, intrigué de voir M. de Rosny embéguiné jusqu'aux yeux, tira de notre côté et me demanda des nouvelles.

« Mauvaises! dis-je: le Béarnais est maître de Chartres, d'où nous venons. »

» — Saint Clément! fit ce bon ligueur se signant, voilà Paris bien malade; car la ville de Chartres est son grenier à blé.

» — Le mal est plus grand que je ne puis dire; car la ville est à sac, la garnison passée au fil de l'épée, et peu sont échappés.

» — Nous allons prendre des logements autour de Paris; rétrograder nous est chose impossible ; obligez-moi d'aller au-devant de l'armée et de M. de Mayenne que vous rencontrerez à demi-journée d'ici. Cette prise fera mal au cœur de tous les francs ligueurs.

» — Je ne manquerai de lui en débiter les nouvelles pitoyables. »

» Ils nous saluèrent et s'en allèrent tout marris de ce noir mensonge. Pour nous, l'approche de Mayenne n'avait pas de quoi me réjouir ; mais nous continuâmes d'aller en avant jusqu'au moulin de ma meunière. Le meunier eut peur de notre petite troupe, et déjà prenait le chemin de la rivière. comme il fit précédemment, quand d'en haut la meunière nous reconnut et cria : « Vive le Roi ! » De la main je lui fis signe de se taire ; mais elle s'enrouait à crier.

« Mon, camarade, dis-je au meunier, je vous amène des garçons de moulin.

» — Le plus délibéré, sire, répondit le meunier, n'aurait la force de soutenir un sac de farine.

» — Ventresaintgris! dis-je, bonhomme, tu crois donc ta vigueur préférable à la mienne, par exemple?

» — M'est avis, mon mari, repartit la meunière, que Sa Majesté ne te le cède pas, tant s'en faut.

» — Or ce que je dis n'est pas raillerie, fis-je en ôtant mon habit et mon chapeau, ces messieurs et moi ont goût à l'état de meunier.

» — Quelle mascarade est-ce là? dit le meunier.

» — Mon fils, les ligueurs viennent en ces cantons, et le plus fin ne découvrira sous tes hardes blanches MM. de Rosny, La Guiche, Launoy, Bellangreville, et moi-même.

» — Sire, dit la meunière, notre moulin profitera de vous avoir, et les moutures iront meilleur train.

» — Moi, ne te déplaise, ma chère, je m'en vais à quelques cents pas d'ici moudre une autre farine; mais cependant ces messieurs aviseront à ce que le temps ne te semble pas long.

» — Sire, dit-elle, je sais où vous allez ; Dieu garde vos amours ! »

« Ces messieurs s'enfarinèrent de bonne grâce, et célèrent leurs habits et leurs armes pour les trouver au besoin. Je ne me fis pas plus grand seigneur que les autres, et voici la toilette que je dirai magnifique, puisque je lui dois l'heur de cette visite. »

Ainsi finit le roi, et quoique lui sachant gré de ce dévouement amoureux, je n'osais le regarder en ces ignobles habits; je m'y encourageai pourtant, et je fus si mécontente de son air rustre et de son abaissement, que je ne me tins pas de pleurer en silence.

« Quel sujet de deuil? dit-il en émoi ; je voudrais racheter ces gouttes d'eau répandues, avec tout mon sang.

» — Sire, répondis-je, ne m'interrogez pas ; je suis insensée de pleurer ainsi, et vous prie de m'excuser.

» — Que je sache la cause de cette grosse douleur, dit le roi, et y porte remède s'il est en ma puissance.

» — Voyez-vous pas, repartit madame de Brancas, que Gabrielle est en peine de la déloyauté de Bellegarde?

» — Non, ma sœur, dis-je, mais de voir Sa Majesté si bas descendue que ses plus chers amis la méconnaîtraient en cet état.

» — Il fallait pour vous plaire, continua madame ma sœur, que le roi vous visitât en ses habits royaux, couronne en tête et sceptre en main.

» — Ma chère belle, dit le roi, je vous tiens obligée de l'intérêt que vous portez à ma gloire; et toutefois, puisque je vous ai vue, je suis content de m'être ainsi enfariné; au reste, je m'estime heureux de ne vous plus être tant indifférent que vous n'ayez égard à mes accoutrements. »

Mille autres paroles tendres et aimables convertirent ma mauvaise humeur en bonne, et je ne fis que rire du faux meunier qui, pour me faire fête, promit de venir un jour me saluer armé de toutes pièces, et suivi de son armée mi-française et mi-étrangère.

« Sire, dis-je, reste un autre point à m'éclaircir.

» — Ma fille, permettez que je demeure auprès de vous, et je controverserai tant qu'il vous sera agréable.

» — Deux mots suffiront, et vous tiens quitte du reste.

» — Ce n'est point de mon amour que vous m'allez entretenir, car en dix ans de paroles je n'aurais pas fait, mais bien en quelques heures d'actions.

» — Sire, dites-nous si c'était un meunier de vos amis qui tantôt chantait mieux qu'un rossignol par-devant la fenêtre de ma chambre?

» — Eh quoi! mignonne, vous m'avez entendu chantant.

» — Bien plus, je me délectais à vous entendre, tant à cause de la voix que des vers et de la musique.

» — Le tout est l'œuvre de votre serviteur, et fut fait durant la route à votre honneur.

» — Je serais bienaise, sire, d'avoir entre les mains cette gentille chanson, et souvent pensant à vous, la chanterai m'accompagnant de l'épinette.

« —Je vous la dédie, ma charmante Gabrielle, et veux, si je deviens roi de fait, que mes sujets de Paris et des provinces la chantent pour se recommander de vos bonnes grâces. »

Je commençais à oublier Bellegarde, et le nez du roi me semblait d'une moins prodigieuse grandeur. Je cherchai de l'encre et une plume, afin que le roi de sa main me récrivît sa complainte; le papier manquant, je pris le livre d'Heures, au calendrier duquel Périnet avait enlacé G avec H, pour signaler un jour préfix, et le roi sur le premier feuillet traça l'air et le couplet que j'ai dit, plus ces quatre autres, composés, j'imagine, en temps qu'il les écrivait d'une assez vilaine écriture et fort mal en orthographe. Je les rapporte tels qu'ils sont dessus le missel, sans me soucier des changements inventés depuis par M. Desportes, abbé de Tyron et de Bonport :

Charmante Gabrielle,
Féru de mille dards,

Quand la Gloire m'appelle
Dedans les champs de Mars ;
 Cruelle départie,
 Malheureux jour !
Que ne suis-je sans vie,
 Ou sans amour !

Bel astre que je quitte,
Proche de revenir !
L'absence me contriste,
Et pour n'en pas mourir !...
 Cruelle départie,
 Malheureux jour !
Que ne suis-je sans vie,
 Ou sans amour !

Or, comme la couronne
Fut le prix du vainqueur,
Je la tiens de Bellonne,
Tenez là de mon cœur.
 Cruelle départie,
 Malheureux jour !
Mieux vaut être sans vie,
 Que sans amour !

Je veux que mes trompettes,
Mes tambours, les échos,
A tout instant répètent
Mes soucis et ces mots :

> Cruelle départie,
> Malheureux jour!
> Que ne suis-je sans vie,
> Ou sans amour!

Je ne pense pas que les meilleurs et plus excellents poètes de France aient fait rien qui soit à comparer avec ces vers sans art ni expérience, mais tout confits en amour. Les choses veulent être senties pour être dites, et par ainsi le roi est, à mon avis, le premier amoureux de son royaume; je n'en déduirai pas les raisons. Je fus émue de lire lesdits vers, et priai Sa Majesté de les chanter en musique; ce qu'elle fit non moins harmonieusement qu'Orphée ou Amphion de l'antiquité. Après quoi me voyant remise de ma mélancolie, il me requit de lui octroyer un petit entretien que je n'eus pas la dureté de lui refuser; mais comme je me souciais fort peu d'un tête-à-tête, et me souvenant d'avoir couru un grand péril, je m'en allai en un coin de la galerie où il me tira à part.

« Charmante Gabrielle, dit-il, est-il besoin de vous rappeler notre traité?

« — Lequel ? répondis-je jouant l'étonnement.

» — De m'aimer un peu quand Bellegarde vous aimera moins.

» — D'où savez-vous, sire, que Bellegarde s'est désisté de m'aimer ?

» — Apparemment qu'il s'en est vanté, et le bruit en vint à mes oreilles.

» — Il est vrai que M. de Bellegarde n'ayant pas obtempéré à certaine demande qui n'était rien qu'honnête et de bonne sorte, j'ai sujet de le rancuner.

» — Ventresaintgris ! ma mie, efforcez-vous de le haïr, et je brûlerai des chandelles à mademoiselle de Guise.

» — Quoi donc ! sire, n'est-ce point un conte que l'on m'a fait, et mademoiselle de Guise est-elle vraiment ma rivale ?

» — En doutez-vous ? le moindre goujat de l'armée vous en dira des nouvelles, et cet amour en est au point que la mère et la fille y participent.

» — S'il en est ainsi, que ne faites-vous arrêter, emprisonner et juger M. de Bellegarde comme d'intelligence avec les ligueurs!

» — Ah! ma chère mie, je ne voudrais être aimée qu'autant que vous faites Bellegarde, dussiez-vous me détester encore plus.

» — Non, sire, le gant est jeté, M. de Bellegarde ne sera onc mon époux ni ami.

» — O douce parole, dont je vous remercie!

» — Je ne veux le voir de ma vie, ni lui parler, ni lui récrire si ce n'est pour lui reprocher sa félonie.

» — Vous me rendrez heureux de me promettre cela.

» — Je vous en fais serment, sire, et je vous prie de me percer de votre épée si de ma volonté je consens à voir M. de Bellegarde.

» — J'inscris ce serment dessus mes tablettes et dedans mon cœur.

» — Défendez-lui bien, sire, avec votre autorité, de s'éviter toute tentative infructueuse.

» — Je m'en vais lui ordonner sur sa tête de vous laisser en repos, et l'éloignerai s'il le faut.

» —Oui; faites qu'il soit séparé de mademoiselle de Guise.

» — Je le menacerai de toute ma colère, s'il est vis-à-vis de vous autrement que ne serait un mort.

» — Ne le traitez pourtant avec telle rigueur, car possible est qu'il soit moins coupable qu'on ne l'a fait.

» — Ce n'est pas en un jour, ma fille, que l'on quitte un amour pour en prendre un autre; mais votre serment m'assure que vous tâcherez de m'aimer peu à peu.

» — Sire, Dieu même, si grand qu'il soit, ne commande point aux cœurs; mais à mon tour vous ferai-je une prière ?

» — Est-ce une part de ma couronne ? vous n'avez qu'à dire.

» — Nenni, en chansons sceptre et couronne ne coûtent guère que la façon de la rime, et je me donnerais garde de vous pousser à l'épreuve.

» — Néanmoins, ne vous faites faute de rien.

» — Je vous supplie, sire, de ne pas employer la force contre moi.

» — J'ai bien changé de gamme depuis, comme vous avez pu voir, ma chère âme, et vous m'avez soumis et apprivoisé.

» — Vous n'aurez de moi ni promesses ni espérances, et devez vous contenter de si maigre chère.

» — Madame, vous avez acquis en moi, outre un amant à la vie, à la mort, l'esclave le plus humble et le plus dévoué; mais vous prendrez pitié de me voir pâtir et soupirer.

» — A vrai dire, autant pour vous que pour moi, abandonnez ces déguisements, entreprises et imprudences dans le but de venir à mon endroit.

» — C'est aussi trop d'exigences, ma belle, car loin de vous je suis (comme dit le psaume) en captivité sur les rivages de l'Euphrate.

» — Mais, sire, à quoi bon exposer la plus chère vie pour si peu?

» — Ce qui vous semble si peu, est à mes

yeux préférable à tout, voire même à cette couronne dont vous faites fi.

» — Hé! sire, répéterai-je, vous n'êtes point libre de votre personne, et vous le seriez, je sais la distance de vous à moi.

» — Ma femme Marguerite, comme tout le monde sait, est une maîtresse catin que je dois répudier.

» — Sire, vous ne pourrez me tenter avec ces faussetés, dont rirait la plus simple fille? Je vous avertis de vous faire aimer d'autre manière?

» — Montre-moi la route à suivre pour être bien venu de toi, et je me rendrai docile aux bons avis.

» — Sire, imitez de point en point feu M. le chevalier d'Aumale, quoique ligueur de son vivant, et si je ne vous aime alors, il y faudra renoncer.

» — J'y vais donc faire mon possible. Mais ne reviendrez-vous point à Mantes, chez madame de Sourdis?

» — Non, ma fi! je suis trop honteuse de vous être une occasion de dérangement, quant à vos affaires; et je me repentirais trop de vous faire perdre un avantage à la guerre.

» — Donc, vous préférez que je fasse à pied ou à cheval le trajet de Chartres à Cœuvres?

» — Pour ce, je vous en fais mes défenses absolues, et vous somme d'attendre que les chances de la guerre nous rapprochent tôt ou tard.

» — Ce sera tôt, ventresaintgris! car demain je lève le siége de Chartres.

» — Sire, vous en aurez vergogne, et partant poursuivez votre entreprise contre cette ville.

» — Oui, puisqu'il vous plaît, je me hâterai de l'emporter.

» — Comme une certaine fois, je l'ai dit devant vous, j'estime Agnès Sorel pour avoir excité le roi Charles septième à conquêter ses beaux États contre les Anglais.

» — Donc, soyez mon Agnès Sorel. »

On nous vint interrompre avec une lettre de Bellegarde pour moi; je fus dissuadée de la décacheter, par ces mots de Henri:

« Ma chère, avez vous sitôt mis en oubli vos grands serments ?

» — Je n'ai pas juré, dis-je, de ne plus lire ses lettres.

» — Si vous n'y voulez répondre, que vous importe d'en connaître la teneur.

» — Périnet, fis-je par une idée soudaine qui porta cette missive ?

» — Rousse, domestique de M. de Bellegarde, ce répondit-il.

» — Fais qu'il entre prendre une réponse.

» — Quoi ! madame, se récria le roi, vous êtes déjà parjure ?

» — Sire, vous m'en parlerez tout à l'heure à votre aise. »

En ce moment, Rousse parut avec force salutations ; Henri ne se contint, et allant droit au messager, le secoua rudement par le bras, et dit d'une voix tonnante : « Sur ma parole sacrée, je te fais pendre au donjon, si tu ne confesses la déloyauté de ton maître, qui entretient d'amour à la fois madame Gabrielle ci-présente et mademoiselle de Guise ? » A cette interrogation, le pauvre Rousse, de surprise et d'effroi demeura tout confondu, immobile et muet. Mais le roi réitéra d'un ton plus sévère et impérieux, de telle sorte que Rousse, venant à considérer le faux meunier, reconnut à qui il avait affaire, et tombant à deux genoux, cria merci! de l'air d'un patient qui se sent la corde au cou et voit l'échelle.

« Sire, dis-je, ce pauvre diable sait qui vous êtes et obéira à ce qu'il vous plaît d'ordonner; mais épargnez-lui si grosse peur.

» — Il n'a rien à craindre et beaucoup à gagner s'il veut dire ce qu'il sait bien.

» — Sire, dit Rousse en tremblant, mon seigneur, et maître M. de Bellegarde a fait connaissance de mesdames de Guise en une trève sur la fin du siége de Paris.

» — Le fait n'est pas nouveau, reprit le roi; mais ne t'épargne à conter les détails qui divertiront madame Gabrielle.

» — Sire, poursuivit Rousse, je ne les tairai point à Votre Majesté; M. de Givry était de long-temps le galant de madame la duchesse de

Guise, qui hante les jeunes gentilshommes plus volontiers que les vieux ; ce commerce pendant le siége l'ayant plusieurs fois distrait de son devoir, M. de Bellegarde fut confident de ce mystère et complice du tort fait au service de Votre Majesté. Or, madame de Guise se piqua de mon maître M. de Bellegarde, qui n'avait pas accoutumé de ronger de vieux os. Mais comme mademoiselle de Guise était fort appétissante....

» — Vive Dieu ! s'exclama Henri, est-elle donc si gente et si belle la petite Guise ?

» — Moi qui l'ai vue du temps du siége, repartis-je, je vous certifie qu'on dirait d'une bourgeoise de la rue Saint-Denis, tant elle a la main et le pied gros, la taille courte et la mine dévergondée.

» — L'ami, dit le roi à Rousse, tu rapporteras à Roger le beau et véridique portrait que l'on fait de la Guisarde : sur ce continue.

» — Sire, dit le domestique, je n'étais point présent quand tout ceci se tracassa entre eux ; mais je soupçonne que MM. de Lorraine furent joyeux d'attirer à leur parti par l'entremise de mademoiselle de Guise, le plus brave et le plus beau gentilhomme de votre armée.

» — Ne rougis pas, compère, répliqua le roi, je m'accommode de la vérité et de la flatterie. De fait, madame, M. de Bellegarde l'emporte en grâce et en beauté ; mais je ne lui cède ni à personne pour la bravoure.

» — Sire, dit madame ma sœur doucereusement, je ne vois pas en quoi M. de Bellegarde vous soit supérieur, et vous avez la palme sans adulation.

» — Donc, continua Rousse, mademoiselle de Guise et M. de Bellegarde s'entendirent de prime-abord et s'aimèrent mutuellement, et depuis lors ils n'ont cessé d'entretenir correspondances, entrevues et le reste.

» — Assez sur ce point, Rousse, dis-je tout irée. Ne fais point parade devant nous de la perfidie la plus noire qui onc ait été. Maintenant il est bon que tu aies de moi une réponse à porter à ton maître pour le rendre content.

» — Gardez, s'exclama le roi, de vous noircir les doigts d'encre, pour que de votre lettre le déloyal fasse un trophée à sa catin de Guise?

» — Rousse, dis-je, contez à votre duc de Bellegarde le cas que l'on fait de ses mensonges et paroles dorées! »

Ce disant, je boutai la lettre au feu, où par un hasard insigne elle devint cendre sans flamber le moindrement :

« C'en est fait, fit observer à Henri Périnet, l'amour entre madame et M. Bellegarde est éteint par ce signe visible, et ne se peut rallumer.

» — Voilà parler, mon petit astrologue, s'écria le roi; va, cours, messire écuyer, que Bellegarde sache ce qui s'est passé.

» — Sire, supplia le pauvre Rousse, que vais-je devenir? Mon maître me chassera honteusement, et bien heureux si son épée ne fait son entrée triomphante dedans mes tripes et boyaux.

» — Il a raison, fit ma sœur émue de pitié pour les belles épaules de maître Rousse, comme aussi Louison, ma demoiselle d'atours.

» — En ce cas, répondis-je, qu'il remplisse son devoir et fasse ma réponse; après quoi je le reçois à mon service et l'assure qu'il ne perdra point au changement.

» — Merci Dieu! repartit Rousse, je vous servirais, madame, sans gages et sans aubaine.

» — Quant à ces riens, dit le roi, j'en fais mon fait, et te prie de n'en pas importuner madame Gabrielle.

» — Sire, comptez que je n'omettrai un seul point de ce que j'ai vu et entendu.

» — N'oublie pas de faire assavoir à M. de Bellegarde, et ce de ma part, que si désormais il tente soit par lettre, soit par visite, de regagner les bonnes grâces de mademoiselle d'Estrées, qui lui retire toute son amitié, je ferai pareillement; et le mieux puni, ce ne sera pas moi. »

Rousse s'en alla de Cœuvres avec grosse envie d'y revenir.

« Ce garçon est bien fait, dit madame de

Brancas ; m'est avis que mademoiselle de Guise, laquelle connaît les bons morceaux, sera plus affligée que M. de Bellegarde, à cause du congé de ce beau domestique.

» — Fi! madame, répondis-je, on penserait que vous fûtes élevée à l'office. »

Après ce propos et bien d'autres qui occupèrent tout à plein notre journée, on nous vint avertir que six meuniers, ou passant pour tels, demandaient l'entrée du château.

« Ce sont les vôtres! dis-je au roi, je vais les faire introduire.

» — A moins, répondit le roi, que des ligueurs aient pris le même déguisement. En est-il un qui a la tête bandée ?

» — Oui dà! reprit le valet.

» — Vive Dieu! s'exclama Henri, madame, je veux vous présenter de bien fidèles serviteurs, qui vous aimeront par amour de moi. »

Les faux meuniers entrèrent en tumulte.

« Sire, dit M. de Rosny emplâtré comme un ladre d'hôpital, l'ennui de ne vous pas voir et la crainte de votre sûreté m'ont sommé de vous venir déranger.

» — Sire, ajouta Chicot, la meunière n'a voulu entendre ni à blond ni à noir, disant qu'après vous il fallait rester sur la dernière bouchée.

» — Messieurs, interrompit Sa Majesté, je vous présente madame Gabrielle d'Estrées, ma vraie et unique amie; je vous prie de l'aimer, estimer et servir comme vous faites moi-même.

» — Sire, nous obéirons, fit M. de Rosny; mais, entre nous, la Ligue se moque des jupes d'une femme, que vous prenez pour drapeaux et cornettes.

» — Cap dé Diou! monsieur mon ami, dit au roi Chicot, Dieu vous garde de tomber aux mains des ligueurs, car ils pourraient vous pendre comme on fait d'une andouille, et puis les goguenards écriraient dessus votre potence: « A l'écu de France et de Navarre, céans bon logis pour y rester. »

Le souper fut gai et bien employé à manger,

deviser et chanter. A la nuit pleine, le roi me dit adieu.

« A quand vous reverrai-je, sire ? observai-je.

» — Plus tôt que vous pensez.

» — La route est longue et dangereuse de Chartres jusqu'à Cœuvres. »

Le roi, sans répondre, me baisa tant que je criai assez. Puis avec ses gentilshommes il suivit la voie qui mène à Saint-Quentin.

CHAPITRE IV.

Visites du roi. — Façon de se faire aimer. — Douceur et violence. — Le don d'amoureuse merci. — Piteux retour de Rousse. — Brutalité de Bellegarde. — La passion du pauvre Rousse. — Dédommagement. — Mariage de Rousse et de Louison. — Les époux. — Soupçons. — Départ du roi. — Gabrielle ministre d'État. — C'est l'amour! — Lettre de Bellegarde. — Justification. — Mesdames de Guise. — Les deux soleils. — Marions-nous. — Explication entre le roi et Bellegarde. — Le droit du plus fort. — Tyrannie de Henri IV. — Amour et amitié. — Conclusion. — Pas de réponse. — Les mouches du coche. — Une chance entre mille. — Amour par correspondance. — Madame de Sourdis à Cœuvres. — Lettres perdues. — Prise de Chartres. — M. de La Bourdaisière. — Nouveaux arrivants, entre autres M. de Longueville. — L'avantage du mariage. — Comparaison des deux rivaux. — Les bâtards et les légitimes. — Le cabinet des Archives. — La parole d'honneur. — Le contrat. — Le bon père. — La danse moresque. — Sacrifice de Henri III. — Gabrielle mariée à Bellegarde sans le savoir. — Inquiétudes. — Confidence d'une fille bien élevée. — La déesse Astrée patronne de la famille d'Estrées. — Le signe de la *Vierge* et le signe de la croix. — Un bon avis. — Vengeance d'un amant heureux. — M. de Longueville et madame d'Humières. — Le roi à Compiègne. — Les demandeurs. — Offre d'un gouvernement. — Le marquis de Menelay. — M. d'Estrées. — Argus. — Tourments de l'absence.

Ce que je pensais arriva : Sa Majesté, pour être plus à portée de me voir, alla loger en sa ville de Saint-Quentin, où il séjourna plus d'une semaine, me visitant chaque jour, tantôt en la compagnie de quelqu'un de ses gentilshommes, tantôt seul, de préférence, car il était plus libre en ce cas de dégoiser de ses amours, comme aussi j'étais moins timide à lui répondre. De fait je sentais diminuer mon aversion pour le roi, qui me gorgeait de menus soins, caresses, tendresses, présents et friandises, au point que son nez ne me semblait plus si prodigieux et difforme. L'habitude, comme on dit, est une seconde nature; et bien que le souvenir de M. de Bellegarde me fût un sujet quotidien de soupirs, larmes et regrets, je m'accoutumais quasi à ne le tant aimer, et Henri gagnait ce que l'autre perdait de mon amitié. Aussi le roi, pour m'être agréable, avait changé sa façon de faire, et je fusse demeurée en tête-à-tête avec lui, qu'il n'eût pas essayé de me forcer; mais il visait droit à mon cœur plutôt qu'ailleurs, et tâchait surtout de paraître aimable pour être aimé. En somme, pendant une douzaine de visites qu'il me fit à toute heure du jour, il ne se permit d'autre privauté que de me baiser bien amoureusement sur le bec, et ne me demanda rien, sinon une fleurette mi fanée d'avoir été mise entre mes deux tétins.

« Sire, dis-je, voilà comme il est bon de contraindre les gens à vous aimer : douceur réussit mieux que violence.

» — Savoir, répondit-il ; je sais telle femme dont le nenni signifie oui, et qui ne cèdera qu'après de grands combats.

» — Pour moi, sire, je vous aimerais déjà, n'était que Bellegarde tient encore en sa domination les faubourgs de mon cœur.

» — Ma mie, je vous réitère de bien garder votre serment de ne point le faire jouir de votre vue ; si je vous trouvais parjure et que j'eusse l'épée au côté, je ne serais pas responsable des suites fâcheuses.

» — Sire, de propos délibéré je ne reverrai point M. de Bellegarde ; mais je m'excuse en cas qu'il me vienne chercher ; alors je ne pourrai que fermer les yeux, et dire : Allez-vous-en hors d'ici !

» — Au demeurant, si Bellegarde me cause quelque ennui ou soupçon, je le ferai gouverneur de Marseille ou de Quillebœuf, pour être sûr qu'il ne revienne pas.

» — Sire, je vous prie de n'user de rigueur contre lui que justement, et s'il manque à son devoir comme royaliste.

» — Je ne crains point ceci, car un vrai gentilhomme trahit quelquefois sa dame, mais non jamais son roi. »

Je m'étonnais qu'Henri ne me pressât point de lui octroyer le don d'amoureuse merci, comme disait le roi François Ier parlant à Diane de Poitiers, qui réclamait la grâce de son père, M. de Saint-Vallier. Périnet, à qui j'en fis l'observation, me répondit seulement avec un petit sourire : « Sa Majesté a fait quérir son premier médecin, M. Alibour. » Si je compris cet oracle, je ne le compris guère. Cependant je m'étonnais de n'avoir point eu de nouvelles lettres de Bellegarde, et je croyais que Rousse n'eût pas osé remplir son message, quand je le vis revenir dans un état piteux à voir : les habits en lambeaux, la figure égratignée, les cheveux collés de sang, et la barbe longue de six jours.

« Pour Dieu! s'écria ma sœur, madame de Brancas, qui l'avisa toute la première, monsieur Rousse, sortez-vous de l'esclavage des Turcs ou Algériens?

» — Plût à Dieu! répondit-il; M. de Bellegarde m'a mis en ce bel état.

» — M. de Bellegarde est donc un juif ou un diable? se récria Louison compatissant à cette grande misère. »

J'accourus au bruit, comme fit Périnet, et sitôt qu'il m'aperçut, Rousse recommença ses lamentations.

« Voyez, madame, dit-il, les profits et avantages que j'ai eus à votre service. Je vous l'annonçais à l'avance; par bonheur j'ai encore l'âme dedans le corps.

» — Mon cher Rousse, repartis-je, il n'est pas possible que M. de Bellegarde vous ait traité si inhumainement.

» — C'était bien pis l'autre hier, ma

chère dame, le sang me coulait par fontaines.

» — Voilà une atroce conduite ! »

J'achevais à peine que le roi survint et M. de Rosny la tête empaquetée de linge. Le roi ne fut pas plus tôt instruit de la mésaventure de Rousse, qu'il se fâcha, disant :

« Vous ne nous en ferez point accroire, monsieur le débauché ; M. de Bellegarde est homme d'honneur et incapable de vous avoir si vilainement traité.

» — Certainement, dis-je, vous aurez été dépouillé et battu par des larrons sur le grand chemin ou en de mauvais lieux.

» — Monsieur, ajouta gravement M. de Rosny, vous feriez bien d'autres hélas si vous aviez comme moi deux coups d'arquebuse dans la gorge et la mâchoire, plus une dizaine de dragées par la face.

» — Sire, reprit Rousse, je vous donne ma foi que M. de Bellegarde m'a réduit à ce que vous voyez.

» — Quoique vous ne soyez pas un homme

dé qualité, fit le roi, je n'entends aucunement qu'on vous moleste, et dirai à M. de Bellegarde combien je suis mécontent.

» —Contez-nous le menu de votre ambassade, m'écriai-je?

» — Madame, dit-il, j'avais appréhension d'être le malvenu. M. de Bellegarde, en effet, n'était pas au camp devant Chartres à mon retour, mais il menait joyeuse vie en une maison de madame la duchesse de Guise, couchant tour à tour avec la mère et la fille. J'y allai, dans l'idée de faire plus tôt ma mission. M. de Bellegarde sachant que c'était moi, me manda en la salle où il tenait table avec une belle compagnie. «Messieurs et dames, dit mon maître, je veux vous faire voir comme je suis aimé d'une dame, moins belle, pour vrai, que mademoiselle de Guise.» Là-dessus il me somma de lui rendre votre réponse, et de narrer en détail l'accueil que vous m'aviez fait. A sa confusion, je n'omis aucun détail que je savais, et maintefois rires et moqueries m'interrompirent. M. de Bellegarde, le front pourpré, m'ordonnait d'arrêter; je défilai jusqu'au bout ma kirielle; j'en fus le mauvais marchand, car mon maître, tirant sa dague de la gaîne, m'en piqua tant au corps qu'à la tête. Je serais mort sans faute si de bonnes âmes ne m'eussent sorti de ses mains : « Ce fourbe, cria-t-il, mérite flagellation, et je le recommande aux lansquenets. » Ces Allemands ont une âme d'airain, s'ils en ont une; six d'entre eux m'ayant attaché demi nu contre un poteau, me fustigèrent de grosses cordes à nœuds, redoublant d'efforts tant plus je répétais merci! Pour finir, ils tirèrent au sort des dés mes hardes et mon petit bagage; après quoi me salissant de boue et me faisant la figue, ils me laissèrent partir sans demander mon reste, et je suis revenu gueusant et vivant d'aumônes.

» — Mon fils, dit le roi indigné, M. de Bellegarde n'emportera en paradis ces cruels et iniques traitements, foi de gentilhomme!

» — Mon cher Rousse, dis-je, tu dois te croire bien heureux de ce martyre qui me fait ton obligée; on soignera tes plaies, et tes pertes seront réparées en moins de temps que j'en mets à le dire.

» —Pauvre garçon! ajouta ma sœur; j'aurai les yeux à ce qu'il guérisse et se refasse de son accident.

» — Diable! remarqua Périnet, peut-être par jalousie, m'est avis que ce trompeur a joué son argent aux dés avec des lansquenets qui l'ont volé et harcelé.

» —Monsieur, répondit Rousse aigrement, mon métier n'est pas de faire des contes, et je suis plus certain du passé que vous n'êtes de l'avenir. »

De là entre Rousse et Périnet est résultée une haine de forte trempe qui ne mourra qu'avec un d'eux. Périnet a tort de mépriser tant Rousse, qui pareillement a tort de s'acharner à nuire à Périnet. D'autre part, Bellegarde, en toute circonstance, a nié les coups et sévices dont Rousse fit grand bruit; mais outre qu'il était moitié ivre à ce moment, je sais des nouvelles de ses grandes colères.

« Mon ami, dit à Rousse Henri me regardant, choisis toi-même de quoi te dédommager de ces désagrémens.

» —Sire, repris-je, savez-vous quelque chose qui plaise mieux à mon domestique qu'une bonne somme?

» —L'argent est bon, repartit le roi souriant d'intelligence, mais l'amour est meilleur.

» —J'y consens, fis-je indifféremment; que si Rousse veut bien épouser votre meunière, il ne s'en fasse scrupule.

» —La meunière est mariée, dit le roi, mais Louison ne l'est pas.

» —Louison, m'exclamai-je, est-elle si curieuse du mariage?

» — Tant, reprit le roi, qu'elle m'a supplié de la faire devenir Rousse pour blonde qu'elle soit.

» —Une plus grande dame qu'elle, dit madame de Brancas en soupirant, s'accommoderait d'un époux de même étoffe que Rousse. »

J'aurais eu mauvaise grâce de me déclarer contre les épousailles, qui se firent à Cœuvres le lendemain, et depuis je ne me suis repentie d'avoir en ma maison des serviteurs aussi bons et dévoués que Rousse et sa femme, laquelle, pour la distinguer, est appelée la Rousse généralement par tout le monde. Ils étaient faits, ces deux-là, l'un pour l'autre, et vivent en parfaite union ; mais les enfants qu'ils eurent sont morts. Périnet a dit sans fondement qu'ils avaient nombreuse progéniture si l'on compte les méchancetés qu'ils ont faites. Cette division entre mes domestiques m'est une occasion journalière de trouble et d'ennui. Périnet, de qui la fidélité fut patente de tout temps, s'imagine que Rousse est assez hardi scélérat pour entreprendre sur mes jours : je ne crois point ceci ; mais je suis marrie qu'un autre le puisse croire.

Un matin que j'étais au lit, le roi, armé de toutes pièces, me vint saluer en adieu.

«Quoi! sire, dis-je, que n'avez-vous par avance annoncé votre départie ?

» —Ma chère âme, n'en parlant pas, j'espérais l'oublier moi-même. Mais voici qu'on m'écrit que le siége de Chartres, depuis un mois plein, demeure en la même situation.

» —Sire, votre présence est l'aiguillon du courage des vôtres, et vous savez mieux que je ne dirais les maux de toutes sortes causés par votre absence.

» —Oui-dà, j'y mettrai ordre, je vous jure, ma mie, et M. de Bellegarde n'abandonnera plus son poste pour se débaucher avec des ligueuses.

» —Sire, la faute vous en doit être attribuée, car l'exemple du chef est suivi de tous, bon ou mauvais.

» —Grand merci vous dis, ma gentille Agnès Sorel; menez-moi par la main au chemin de l'honneur.

» —Vous n'avez qu'à pousser le siége avec vigueur et patience...

» —Non, mon cœur : M. de Cheverny m'a entraîné à cette expédition contre Chartres pour en donner le gouvernement à ce triple cocu de Sourdis, qui du moins ne me lassera plus de ses éternels : Comme vous-même, sire.

» —Consultez vos intérêts en cette affaire,

mon bon seigneur; la ville de Chartres prise, vous êtes maître de Paris.

» —Dieu t'entende, ma fille, et vais dépêcher les assauts; après quoi je m'en reviens en Picardie, à votre intention.

» —Sire, le plus pressé est de regagner vos bonnes villes de France.

» —Je n'ai souvent ni sou ni maille, et je vois que le plus expédient sera d'acheter ma royauté.

» —Sire, je ferai un voyage à Paris pour vous ouvrir le coffre-fort de Zamet.

» —Ma chère, à cette heure, quelque cent mille écus me feraient roi plus aisément que dix armées.

» — Adieu, sire, j'ai quasi l'espérance de vous aimer au retour. »

Henri m'ayant baisé les mains, pleura, gémit, me supplia de garder mon serment; et de peur d'un découragement complet, me rebaisa un peu et passa la porte. Dès ce moment je soupçonnai l'aimer à cause de ses tendres façons, et mon cœur ne cessa de battre vitement au bruit de ses armes sonnant sur ses épaules, et de sa grande épée traînant sur les planchers. « Bellegarde, disais-je à part moi, ne te hasarde point de revenir, car je t'aime encore trop, ou plutôt je ne t'aime plus assez. » Il ne vint pas, le perfide, et préféra rompre avec son amie que d'encourir une disgrâce du roi. Seulement il me fit tenir une lettre que je lus, mais sans y faire réponse. C'est sans doute la dernière de Bellegarde, que je veux mettre sous vos yeux, Henri, pour clore l'histoire de mes amours avec monsieur votre grand-écuyer (1).

« Madame,

» Que je n'ose dire chère, bien que vous le » soyez à votre ami plus que jamais, je viens ré-

---

(1) Ce passage et beaucoup d'autres donnent à penser que ces Mémoires furent écrits presque sous la dictée de Henri IV, puisque Gabrielle lui adresse en quelque sorte ce long récit. Peut-être ces Mémoires sont-ils ceux dont parle Casaubon dans ses lettres, où il dit que Henri IV. à la prière de Sully, avait commencé lui-même des Mémoires. Notre tâche d'éditeur nous a forcé, bien à contre-cœur, de modifier beaucoup l'original du présent ouvrage.

(*Note de l'éditeur.*)

» pandre à vos pieds le trop-plein de mes amer-
» tumes. Vous m'avez maltraité et châtié comme
» le plus félon chevalier; mais si me donnez au-
» dience un moment, vous verrez qu'il n'en est
» rien, ou que de rien on a fait beaucoup pour
» me porter préjudice en votre esprit. Or, en
» commençant, j'attends de votre bonté que de
» cette lettre imprudente vous ne sonnerez mot
» au roi, sous peine de me perdre sans res-
» source, car mon rival abuse de ce qu'il est
» roi pour tyranniser mes amours. Ce qu'on
» vous a rapporté des dames de Guise est men-
» songe, ainsi que je le prouverai en champ
» clos les armes à la main, à qui se présentera
» pour défendre une si grande calomnie. Je vous
» écrirai tout franc le vrai et le faux, attendu
» que si grossement irritée que je vous sais
» contre ma personne, vous auriez regret de
» causer ma mort. Oui, depuis une année en-
» viron je me suis poussé dans l'intimité de la
» famille de Guise, et m'en honore, puisqu'il
» s'agit non d'un amour traître et honteux, mais
» du service de Sa Majesté. Madame la duchesse

» de Guise, sa fille, ses parentes mesdames
» de Montpensier et de Némours, tiennent en
» main les fils de la Ligue qui nous peuvent
» conduire à la paix. Donc je l'ai entretenue à
» cette fin, sans pour cela être moins bon roya-
» liste ni moins fidèle amant. Les bruits malhon-
» nêtes qui vous ont tourné contre moi, dont plus
» tard vous connaîtrez l'innocence, viennent de
» ce que j'ai flatté mademoiselle de Guise d'épou-
» ser le roi pour éteindre la guerre civile. Mon
» dessein était et est encore d'amener ces dames
» à rendre Paris au roi. Ensuite madame la du-
» chesse de Guise était si bien convaincue que
» j'avais trempé dans la mort de MM. de Guise à
» Blois, qu'elle avait soudoyé un meurtrier pour
» se venger de moi. Givry, qui alors ne se ca-
» chait point d'être le galant de madame de
» Guise, m'avertit à temps du mal qu'on me
» voulait. Je fus bien aise de persuader à ladite
» madame de Guise que l'assassinat de feu son
» mari n'est point un de mes péchés. Pour tout
» dire, comme à la confession, à certain dîner,
» je fus malavisé de parler de votre mérite,

»non trop célèbre, devant mademoiselle de
» Guise, qui, pour m'embarrasser, dit malicieu-
» sement : « Monsieur de Bellegarde, sans doute
» que madame Gabrielle d'Estrées est autrement
» belle et gracieuse que je ne suis ? » Cette ques-
» tion me troubla, parceque je savais mademoi-
» selle de Guise très fière. « Sa beauté est
» considérable sans égaler la vôtre, mademoi-
» selle, dis-je fermement ; la dame que je sers
» est, ce me semble, bien louée par son sur-
» nom de *la belle* Gabrielle ; quant à ce qui est
» de comparer ensemble deux soleils, c'est af-
» faire à des yeux qui ne se laissent point
» éblouir. » Cette réponse, faite plus doucement
» encore, offensa mademoiselle de Guise pour
» quinze jours, et je faillis rompre avec elle à
» cause de vous. Maintenant, après ces aveux
» naïfs, jugez si j'ai encouru votre ressenti-
» ment, et prenez en pitié une déplorable
» chance. En outre, vous me rancunez pour n'a-
» voir point déserté l'armée et mes cornettes,
» afin de me rendre votre époux. Mais exami-
» nez, ma mignonne, s'il eût été honorable de

» quitter le siége sans avoir requis le bon plai-
» sir du roi. Mille diverses raisons me solli-
» citaient d'ajourner votre trop douce pro-
» position, qui en tout autre temps m'eût
» réjoui à en mourir. Donc pour vous prouver,
» malgré les médisances, que je suis vôtre jus-
» qu'à la mort et puis après, je vous offre le
» mariage, demain s'il vous plaît me l'accorder.
» J'ai grand'peur qu'à présent vous ne me ren-
» voyiez aux calendes grecques, ce dont j'aurais
» mortel déplaisir. Oui, ma chère, vous serez
» duchesse de Bellegarde en dépit des jaloux
» et des envieux. Quant au roi, que je chéris et
» respecte quoi qu'il fasse pour m'affliger,
» nous le convierons de cesser ses poursuites
» que votre vertu rend vaines et injurieuses.
» Mes justifications et excuses, si bonnes soient-
» elles, ne me rassurent guère, car je vous crois
» grandement colérée à mon égard, mais non
» tant que m'a dit Sa Majesté, dont voici une
» querelle plus injuste que je n'attendais d'un
» si bon prince.

« Sitôt après sa revenue de Saint-Quentin,

» (où, m'a dit Chicot, il séjourna pour et avec
» vous, tous deux, j'appréhende, sans songer
» à moi, sinon pour faire honte à ma déloyauté)
» le roi me fit mander; et comme d'aventure
» j'étais à chasser aux environs du camp, il me
» parla d'abord fort durement.

» Ventresaintgris! monsieur de Bellegarde!
» fit-il frappant du pied à terre, sommes-nous
» céans pour assiéger la ville de Chartres ou ga-
» lantiser les dames de Guise?

» — Sire, répondis-je, on vous a mal instruit,
» sur ma foi! car à cette heure le temps du
» passe-port qu'avaient ces belles ligueuses
» étant fini, elles ont retrouvé leurs foyers de
» Paris.

» — Que ne les avez-vous accompagnées,
» monsieur? ou plutôt, à votre requête, j'eusse
» prolongé le terme du passe-port.

» — Sire, cette parole est dure en votre bou-
» che; car, ce me semble, je n'ai pas tant dé-
» mérité à votre service.

» — Ce que j'en dis, Bellegarde, n'est pas
» aussi pour vous chagriner, il s'en faut du tout;

»mais au contraire je fais un souhait pour le
»bien de votre flamme.

» — Quelle flamme entendez-vous,
sire?

» — Il n'est bruit que de votre belle passion
»pour la demoiselle de Guise que ces honnêtes
»ligueurs me veulent fiancer pour que je sois
»cocu avant la noce.

» — Sire, sur l'honneur! ce bruit est un mé-
»chant bruit que je nie tant que j'ai de force,
»et vous êtes trop mon ami pour y croire ; car
»dès long-temps j'aime madame Gabrielle d'Es-
»trées qui sera mon épouse et me donnera de
»beaux enfants, s'il plaît à Dieu.

» —Il ne me plaît pas, à moi qui suis votre
»maître, et il ne plaît davantage à Gabrielle,
»qui vous exècre jusqu'à vous reculer à tou-
»jours de sa personne.

» — Sire, si c'est raillerie, elle est bien rude,
si c'est vérité, elle est plus rude encore.

» — Écoute, Bellegarde mon ami, veux-tu
»pas l'être incessamment?

» — Sur ma vie! sire, je veux garder votre

»amitié jusqu'au monument, et pour vous je
»suis content de mourir.

» — Or donc, mon ami, je te tiens quitte
»d'un tel dévouèment et me contente de celle
»qui fut ta maîtresse.

» — Sire, vous ne dites ce que vous pensez
»à part vous, qui n'en êtes pas à votre premier
»amour : la dame de nos pensées n'est-elle point
»plus précieuse un million de fois que la vie?

» — Monsieur de Bellegarde, je serais de cet
»avis pour les amours de bon accord ; mais,
»vous dis-je, Gabrielle qui s'en va devenir ma
»dame, renonce d'être la vôtre.

» — Sire, vous ne me ravirez pas le seul et
»unique trésor que je n'ai employé à votre
»service, et vous ne commettrez si grosse in-
»justice.

» — Vive Dieu! mon pauvre Bellegarde, tu
»ne m'as donné mission de veiller sur ton amie,
»et ceci n'est pas mon affaire.

» — Voici à peu près ce que répondait Caïn
»à Dieu qui l'interrogeait quant à son frère
»Abel malement tué par lui.

» — Monsieur de Bellegarde, c'est trop long-
» temps raisonner à ce sujet dont je me lave
» les mains. Ce n'est la première ni dernière
» fois qu'une dame changera son ami, soit
» qu'il lui déplaise, soit qu'il ne lui plaise
» plus.

» — Non, sire, Gabrielle n'est pas de ces
» femmes-là; après, cinq ans d'amour non re-
» froidi ne sont oubliés en un jour.

» — Encore un coup, Bellegarde, je me sou-
» cie moins que rien de vos lamentations, et
» vous persuade par un conseil sage de ne m'en
» point troubler les oreilles.

» — Sire, je vous requiers de me donner
» congé d'aller à Cœuvres.

» — Ventresaintgris! monsieur, je vous le
» défends, comme aussi d'écrire à madame Ga-
» brielle, qui fait des cendres de vos lettres.

» — Sire, sire, vous n'aurez pas cœur de me
» tyranniser à ce point.

» — Eh bien! monsieur, allez où il vous
» plaira, écrivez ce que vous voudrez; mais vous
» pâtirez des suites.

» — Sire, vous tiendrez demain un langage
» plus digne de vous, et jusque là je ne vous
» désobéirai le moins du monde.

» — Bellegarde, toute ma vengeance et ton
» châtiment se borneront à te retirer mon
» amitié.

» — Sire, vous laissez aux prises l'amitié et
» l'amour pour voir qui des deux l'empor-
» tera. »

» Le roi me parut si sévère et si prévenu
» contre nos amours, que j'eus peur d'avoir
» perdu sa confiance; pour comble d'infortune,
» j'espérais que son bon cœur et son équité
» viendraient au-dessus de sa fantaisie; mais
» au contraire, depuis ce il m'a témoigné plus
» de froideur et de rancune; ce qui me boute
» au cœur le vautour de Prométhée. Finable-
» ment, l'amour plus puissant que tout le reste,
» j'ai pris la plume à mes risques et périls pour
» obtenir réponse favorable de vous qui êtes
» mon pôle et ma boussole. Je me recommande
» à vos anciennes bontés, et suis prêt à entrer
» en un mortel désespoir. Si vous m'aimez en-

» core un peu, me revoilà consolé et bienheu-
» reux. Mais au cas contraire, ma trop chère
» mie, je voudrais être occis et enterré du jour
» que M. de Longueville et moi pour vos at-
» traits avons croisé nos épées.

» Le vôtre jusques à la vie éternelle.

» ROGER, sieur DE BELLEGARDE. »

Cette lettre fallacieuse et pourtant pleine de tendres serments me toucha, mais non assez pour me faire pardonner une, et peut-être deux infidélités de Bellegarde. L'amour est chose fragile ; comme verre il se brise, il s'en va plus vite qu'il n'est venu. Donc ces beaux discours de l'oreille ne m'arrivèrent au cœur, et je m'obstinai à ne point épouser Bellegarde qui m'en priait. J'ai repensé souvent que sa vue aurait fait plus que sa lettre. Or, de toutes parts, c'était à qui nuirait à Bellegarde au profit du roi. Rousse me détaillait nombre de galanteries que sondit maître entretenait à mon insu ; la Rousse me dénombrait les innumérables avantages dérivant de l'amour d'un roi, tels que dignités, richesse, puissance et

-considération ; madame de Brancas, qui tout bas enrageait d'envie, exaltait sans cesse les vertus et qualités de Henri ; Périnet observait les étoiles, les constellations, les lignes de ma main, le vol des oiseaux, le pétillement de la flamme du foyer, l'ordre et symétrie des portraits de mes aïeux ; que sais-je enfin ! et partout il voyait distinctement que j'étais prédestinée à une haute fortune.

« Oui-dà ! mon mignon, lui disais-je, nombrez, s'il est possible, les maîtresses qu'a eues le roi, tant duchesses que meunières, et voyez combien sont devenues reines de France, par la grâce de Dieu et du roi.

» —Madame, reprit Périnet sans se déconcerter, voilà pourquoi la chance est toute à votre honneur ; car nulle ne vous disputera la place.

» — Excepté la reine Marguerite, qui fait grand cas de la royauté, sinon de son mari.

» — Mahom ! dans son château d'Usson en Auvergne, elle ne songe qu'à se bien divertir avec ses amants ; car vien-drait la fin du monde, qu'elle ne jeûnerait du dernier homme.

» — Est-il écrit au registre des destinées que le roi son époux, la doit répudier ?

» — Il n'attend pour cela qu'un pape de ses amis. »

Enfin j'étais comme un nageur tourmenté par des courants contraires; je ne savais quel parti prendre ou quitter, et jusque là je ne haïssais pas Bellegarde, et non plus aimais le roi. Toutefois je n'ai point persévéré en mon amour pour le premier aussi long-temps qu'Henri m'en a fait reproche, et depuis l'amitié seulement s'est établie entre nous d'une façon si solide qu'elle dure encore.

Les lettres du roi se succédant sans relâche battaient en brèche ma fermeté au point d'ouvrir un passage à la flèche d'amour. Le cœur d'une femme est quasi une place plus ou moins fortifiée, comme aussi plus ou moins attaquée et défendue. J'omets de rapporter mille lettres de la main d'Henri, à cause que toutes répètent la même antienne, à savoir : « Je vous aime, aimerai, et vous baise plus de dix millions de fois. » J'avoue que je sentais un bien vif plaisir à recevoir, lire et relire ces messages d'amour auxquels je répondais du même style galant, ce qui charmait le roi et désolait Bellegarde, à qui Sa Majesté faisait la montre de ses trophées et victoires pour le décourager de m'aimer. Je demeurai donc jusqu'à la fin d'avril sans voir Henri, qui, en ses lettres, se désespérait de l'éternité du siége de Chartres qu'il voulait lever sans cesse ; mais je le suppliais de n'en rien faire. Ci-après je dirai en bref le mauvais état des affaires du roi persécuté par le pape Grégoire XIV plus qu'il ne fut par Sixte V ; ce qui lui faisait dire à son bouffon, le procureur La Regnardière : « Je commence à m'apercevoir que je suis excommunié en cette vie et damné dans l'autre, car mon procureur ne me donne plus à rire ; je veux changer mon fou, et si prendrai le pape. »

Devers les derniers jours d'avril je tremblais qu'il ne fût arrivé du mal au roi, faute de recevoir de ses lettres, lorsque vint à Cœuvres en grand triomphe ma tante de Sourdis, pimpante et magnifique comme la reine Sémiramis. Elle m'accola et me baisa si fort impétueusement, que je soupçonnai la dame d'avoir quelque souci récent, tel que l'abandon de son chancelier.

« Ma chère belle, vous m'avez délaissée et privée de votre vue, dit-elle avec de beaux semblants de tendresse.

» — Et le roi, répondis-je, est-il en bonne santé ?

» — Vraiment ! il s'est donc arrêté en route, qu'il ne m'a point devancée ?

» — Contez-moi des nouvelles d'où vous venez ?

» — Sa Majesté, ma fille, n'a laissé passer une journée sans vous écrire, et vous êtes de tout mieux instruite que je ne suis moi-même.

» — Il n'en est rien, je vous jure, et depuis une semaine en çà je n'ai eu ni lettre ni message.

» — Le fait veut être éclairci et le sera. En attendant je vous dis que mon mari, M. d'Escoubleau, est fait gouverneur de Chartres.

» — La ville est-elle prise ? Sans mes bons avis le roi eût quitté le siége.

» — Bien lui en a réussi de ne s'opposer point

aux plans de M. de Cheverny; M. de Châtillon, digne fils de l'amiral Coligny, par l'invention d'un pont de bois couvert pour donner l'assaut, a forcé ceux du dedans à parlementer.

» — Et notre oncle de La Bourdaisière?

» — Les prières de sa nièce, madame Claudine de Beauvilliers (1), abbesse de Montmartre, l'ont protégé non moins que les vôtres et les miennes. Il a rendu la ville aux plus honorables conditions, grâce à l'indulgence du roi qui souhaitait le jeter en son parti; mais votre oncle veut persister dans la Ligue jusqu'à ce que le Béarnais ait abjuré.

» — M. de La Bourdaisière est homme d'honneur et tiendra sa parole dès que Sa Majesté se fera catholique et sujette du pape.

(1) Il y a indubitablement une erreur dans le manuscrit. L'abbesse de Montmartre y est nommée *Claudine* de Beauvilliers, quoique les historiens la nomment *Marie*; mais celle-ci avait une sœur du nom de Claudine et abbesse de Pont-aux-Dames, et que l'on confond souvent avec elle parceque toutes deux furent maîtresses de Henri IV. Beaucoup d'auteurs contemporains, entre autres Bassompierre, ont commis la même faute. M. Dulaure, dans son *Histoire de Paris*, n'a fait qu'une seule personne de Marie et de Claudine, de l'ancienne famille de Beauvilliers.

Note de l'éditeur.

» — N'y comptez point, ma fille, à moins que vous n'ayez ce pouvoir que n'ont eu ses plus affidés serviteurs ; encore faut-il qu'il se garde, pour cause, de mécontenter ses gentilshommes protestants, qui se tourneraient contre lui comme font les catholiques

» — Hé bien, madame, comment aboutira la Ligue ? car moi-même je ne saurais me décider d'aimer un hérétique.

» — Bon, petite, un hérétique ressemble à un autre homme si bon chrétien qu'il soit, et souvent en vaut deux. »

Voilà qu'à ce coup parurent à Cœuvres des nouveau-venus sur qui je ne comptais guère, M. mon père et M. le duc de Longueville, gouverneur de Picardie, ensemble ma sœur Diane et mon frère François-Annibal. Quant à mon frère aîné, il faisait la guerre en Champagne sous M. de Nevers ; quant à ma sœur Françoise, elle avait rejoint madame Babou à Issoire en Auvergne, où M. Yves d'Alègre était gouverneur. J'embrassai M. d'Estrées fort tendrement, et m'en abstins à l'égard de M. de Longueville, qui eût souhaité être mon père pour goûter de mes baisers. Je baisai pareillement Diane, qui me sembla flétrie, et mon frère, qui avait la mine rubiconde d'un prélat.

« Le belle Gabrielle, me dit mon père, je te recommande de bien fêter mon chef et seigneur, M. de Longueville, qui se réjouit de te connaître. Par ma patronne la déesse Astrée! je te retrouve autre que je ne t'ai laissée, plus charmante et mieux parée.

» — En effet, ajouta M. de Longueville, madame votre fille est une merveille à voir comme à entendre.

» — Monseigneur, répondis-je, il me souvient vous avoir rencontré à la cour.

» — Si je l'avais pu oublier, fit-il, je serais indigne de me remontrer à vos regards.

» — Ma chère Diane, dis-je pour quitter ce propos, sortez-vous pas d'être malade, que je vous vois si blême et morose?

» — Ma très chère sœur, dit-elle en rougissant, j'ai fait bon voyage et bon séjour à Rethel, chez madame la duchesse de Nevers; il est vrai que je n'avais point un roi de France à mon char.

» — Oui-dà! reprit M. d'Estrées, on me rebat les oreilles de ces billevesées qui touchent à l'honneur d'une fille de noble maison.

» — M. d'Estrées, repartit madame de Sourdis, priez Dieu soir et matin pour que Gabrielle ne soit pas plus mal partagée!

» — Foin! madame ma belle-sœur, poursuivit mon père, ces mauvaises pensées conviendraient en tout à madame Babou, qui fut ma femme, dont j'ai vergogne.

» — Mon cher père, dis-je en souriant, je ne ferai rien qui vous doive déshonorer.

» — Une femme, m'est avis, peut prendre des amants, et non pas une fille; ainsi je te baille toute licence et liberté quand tu seras madame de Bellegarde.

» — Entre cette qualité et un couvent, je ne balancerais point.

» — Je sais les griefs que tu as ou crois avoir contre M. le grand-écuyer, qui pour sa part s'afflige des soins que le roi daigne te rendre.

Je suis venu accommoder ce petit différend et te marier à ton fiancé.

» — Non, vous dis-je, monsieur d'Estrées j'ai rompu ouvertement avec M. de Bellegarde, et j'épouserais plutôt que lui un des sept péchés mortels.

» — Monsieur, s'écria madame de Sourdis, le roi dans sa main droite a plus de valeur que M. le grand-écuyer en toute sa personne.

» — Je suis de l'opinion de madame, obtempéra M. de Longueville, et mieux vaut être servante de Sa Majesté que dame de Bellegarde.

» — Par la crosse que m'a promis Périnet! dit mon frère, notre sœur Gabrielle est sage et prudente; on ne risque rien à s'en rapporter à elle de ce qui la regarde, et je pense que les bâtards de Sa Majesté seraient de meilleure naissance que les fils légitimes de M. de Bellegarde.

» — Pour Dieu! interrompis-je toute rouge, vous allez en paroles plus vite que moi en besogne. »

Je vis bien à l'air de mon père qu'il était requis par M. de Bellegarde pour me détacher du roi, et qu'il s'employait à ce mariage, non parcequ'il en faisait grand cas, mais d'autant qu'il avait donné parole ; ce qui dans la maison d'Estrées est chose sacrée et inviolable. Voyant M. de Longueville son hôte et les dames deviser de choses et d'autres, il me fit signe de le suivre en un cabinet retiré où étaient ses chartes, ses archives et généalogies, et les parchemins de sa famille. Je connaissais trop bien la parfaite bonté de M. d'Estrées pour craindre quelque éclat, et je me renfermai avec lui en ce sanctuaire comme s'il se fût agi de confession.

« Gabrielle, dit-il, je n'ai pas accoutumé de gêner et martyriser le monde, surtout mes enfants, et toi que je mets au-dessus de tous ; mais aussi lorsque ma parole est donnée et engagée, je me force à la tenir quoi qu'il m'en coûte.

» — En affaire de mariage, monsieur, repartis-je, il importe avant tout que je donne mon consentement.

» — Sans aucun doute, chère Gabrielle, s'il dépendait de ma volonté que ma promesse fût nulle et annihilée.

» — D'où vient que l'autre an vous me dites de ne me point contraindre eu égard à l'alliance avec M. de Bellegarde?

» — C'était manière de t'éprouver, car je voyais clairement ton amour, et m'y fiais autant qu'au sien.

» — En conscience, monsieur, pourquoi et comment de votre chef avez-vous trafiqué de ma main avec quelqu'un que je ne saurais qu'abhorrer? Mais vous comptez sans votre hôte, et je deviendrai la femme de votre dernier goujat d'armée plutôt que de M. le grand-écuyer.

» — Par saint Antoine de Cœuvres! je ferai bien voir qui de nous deux est maître, et si j'aurai signé votre contrat pour être accusé d'imposture et de foi mentie.

» — De quel contrat parlez-vous? monseigneur et père.

» — Du vôtre avec M. de Bellegarde, scellé

des sceaux de l'État et paraphé par le roi Henri troisième.

» — Saints anges ! quel piége du démon est-ce là pour me perdre et abîmer ? »

M. d'Estrées avait sorti d'un portefeuille un parchemin écrit qu'il me montra sans dire mot; mais à peine j'avais lu l'acte de mes fiançailles avec Bellegarde, auquel il ne manquait rien, hors mon seing et approbation, je me sentis choir à terre, et de mes yeux mi clos saillirent deux fontaines de larmes, avec un gros bruit de plaintes et de sanglots : « Ma fille chérie, disait M. d'Estrées, cesse de te pâmer ainsi ; j'aime mieux encore être dit faussaire et déloyal que de te voir en si dolent état. Çà, petite, essuie ces larmes, et qu'il n'en soit plus parlé. Dieu me sauve de jamais te causer quelque peine ! Çà, calme ces soupirs et reviens à la compagnie. Je m'indigne contre Bellegarde qui te fait ces ennuis. » Ce disant ce bon père me baisait avec cent petits noms forts tendres; de sorte que, le cœur encore gros, je lui demandai l'origine de ce contrat que j'ignorais existant; il me fit cette réponse :

« Ma mignonne, je te dirai tout nettement ce qui en est. Bien peu de temps après que tu allas et revins saine et sauve de la cour, comme il te souvient, M. de Bellegarde, amoureux de t'avoir vue une fois, supplia le roi, qui l'aimait singulièrement, de le marier avec toi. Sa Majesté se trouvait trop bien des services de M. de Bellegarde pour s'en priver à aucun prix, mais cédant aux importunités de son grand-écuyer, elle voulut bien arrêter ladite alliance pour un temps préfix. Tu n'as oublié certainement que Zamet par ordre de Sa Majesté te conduisit à Blois, où se fit une belle fête en laquelle tu dansas une moresque avec M. de Bellegarde, déguisé et orné semblablement à toi. Le lendemain de ce bal où les applaudissements te furent bien acquis, je fus mandé en la chambre du roi encore au lit, Bellegarde y présent.

« D'Estrées, dit Sa Majesté ôtant ses gants parfumés, par la messe ! ta fille Gabrielle est un miracle pour les talents comme pour la beauté.

» — Sire, repartis-je, fille sage est toujours belle ; mais belle n'est pas toujours sage.

» — Tous mes gentilshommes et moi sommes émerveillés de sa personne, et par mon Créateur ! j'ai cette nuit conspiré avec Bellegarde pour la pourvoir.

» — Sire, observez qu'elle est encore trop jeune et nubile à peine ; d'ailleurs je n'entends pas qu'elle soit mariée de préférence à ses aînées.

» — Aussi, vive Dieu ! nous ne la marierons demain ; mais d'avance nous traiterons s'il vous plaît du mari et de la dot.

» — Sire, vos désirs sont les miens ; mais qu'adviendrait-il si Gabrielle ne s'accommode de l'époux ?

» — Par l'Incarnation ! elle serait donc plus difficile que moi qui m'en contente ? c'est M. de Bellegarde, mon grand-écuyer et favori.

» — Monsieur le Grand, je m'honore de l'alliance entre deux maisons aussi nobles et anciennes que sont la vôtre et la mienne ; mais si m'en croyez, le fruit n'est pas mûr encore à cueillir.

» — Monsieur d'Estrées, se récria-t-il pour me rendre content et plaire au roi, dressons un écrit par quoi dans six années environ vous me déclarez votre gendre.

» — Six années? mon cher Roger, interrompit Sa Majesté, c'est bien peu pour une amitié comme la nôtre !

» — Sire, répondit-il, ce terme est plus éloigné que vous ne pensez.

» — Sainte Vierge! dressons le contrat dont j'ai hâte de n'avoir plus le souci. »

» Bellegarde n'avait perdu de temps, car la pancarte était d'avance préparée, et le roi dit: « Mon petit Saint-Larry, je signe à ton contrat pour empêcher les sorciers de te nouer l'aiguillette au jour de tes noces. » J'en ai honte maintenant, j'accédai à toutes les idées du roi, qui paya mon obéissance d'un grand merci, quand tout fut fait.

« Sire, osai-je dire, il en arrivera ce qui

pourra, et je souhaite que ma fille obéisse à son père de plein gré comme je fais à Votre Majesté.

» — Mademoiselle d'Estrées, repartit Bellegarde, m'a pendant la danse assuré qu'elle m'aimait volontiers, et defait je le crois.

» — Diable! je le crois aisément, mon cher Roger, se récria Sa Majesté.

» — Malgré cette espérance, dis-je, en cas que par ensuite la demoiselle ma fille se refuse opiniâtrément audit mariage, quelque honorable qu'il soit, je me fie à l'honneur de M. de Bellegarde pour me dégager de ma parole.

» — Ainsi ferez-vous à mon égard, fit M. de Bellegarde, me proposant l'accolade, que j'acceptai.

» — Enfin je requiers le secret de tout ceci jusqu'au temps fixé par ce parchemin, où je fais mon affaire de tout découvrir à la fiancée. »

» Depuis lors le roi me rangea parmi ses plus féaux amis; et si j'eusse sollicité ses faveurs, je serais maintenant par sa générosité plus riche et plus puissant. Bellegarde ne m'a reparlé que récemment dudit contrat, qui fut fait double entre lui et moi. L'air dont il fit valoir ses droits, fondés sur ma bonne foi, me donne à comprendre qu'il n'est pas d'humeur à s'en dessaisir.

» — Vraiment, m'écriai-je, M. de Bellegarde, qui se pique d'honneur, j'imagine, voudrait profiter de ma fâcheuse position ?

» — Par saint Valieu! qu'il se hasarde à t'épouser contre ton vouloir, je n'attendrai point le lendemain des noces pour lui montrer que ma vieille main est plus ferme que la sienne à tenir une épée.

» — Non, je ne le veux point penser, Bellegarde se retirera en vous dégageant de votre promesse.

» — Il m'a fait entendre qu'au fond tu le préférais au roi, et que tu te vois trop contente de l'épouser.

» — Voilà un outrecuidé muguet! mais notre sire va d'une menace ruer bas cet orgueil.

» — Avise au plus expédient, ma belle Gabrielle ; car je suis mort sans faute si l'on peut dire que j'ai omis de tenir ma parole. »

De prime-saut je pensai à une entrevue avec Bellegarde, où, de vive voix, je l'eusse poussé à se démettre de ses prétentions, ce qui me semblait inévitable, à temps qu'il fût certain de n'être pas aimé. Mais venant à me souvenir que Henri m'avait pareillement liée d'un serment qui me défendait de voir Bellegarde vis-à-vis, même de lui parler un peu, néanmoins je tranquillisai l'honneur inquiet de M. d'Estrées, qui me dit sans colère :

« On fait grand bruit, ma Gabrielle, de l'amitié que te porte Sa Majesté, et les grandes caresses qu'il m'a faites ne sont qu'à cause de toi.

» — De vrai, le roi est assez bon pour me traiter au-delà de mes petits mérites.

» — Saint Antoine de Cœuvres ! garde-toi de ses honnêtetés qui tendent à te faire pécher ; et le roi, pour qui d'ailleurs j'épuiserais le sang de mes veines, est redoutable aux filles et aux femmes.

» — Monsieur mon père, je vous dis en confidence que le roi m'aime tant qu'on peut aimer.

» — C'est dire que de ton côté tu ne l'aimes moins ! Petite insensée, le pas est dangereux, et je serais un mauvais guide.

» —Vous plaît-il que Sa Majesté soit mon ami et serviteur en particulier et en public ?

» — Ce me déplairait moins si vous fussiez mariée ; car votre mari et non pas moi saurait qu'y faire.

» — Vous m'avez d'enfance laissé une entière liberté dont je n'ai point mal usé et m'en félicite. Mais dites, si le cas échoit que le roi me voulût prendre pour femme ?

» — Petite, il te promettra mieux encore pour surmonter ta résistance ; mais tu ne seras que leurrée. Au demeurant, pour élire un ami, le roi me semble préférable à tous, d'autant qu'il ne nuit point à bonne renommée. »

Après une râtelée de propos tels ou à peu près, M. d'Estrées, tout glorieux, me montra une belle pièce de vers composés par M. Claude

Garnier pour célébrer sa patronne Astrée, déesse païenne.

« Voyez ci! dit-il; la pucelle Astrée, de laquelle descend la famille d'Estrées, remonta dedans le ciel pour ce que les hommes étaient trop méchants.

» — Elle occupe encore sa place au zodiaque, et fait le signe de la Vierge, sous lequel je suis née.

» — Aie plutôt confiance au signe de la croix! »

Le roi n'avait pas permis que l'on m'annonçât son arrivée à Cœuvres. Je tombai en un prodigieux ébahissement de me sentir accoler et baiser par lui à la descente des montées.

« Saint Antoine, s'écria M. d'Estrées, sire!

» — Vive Dieu! repartit le roi d'un ton aigre, avez-vous bien, monsieur, fait le prêche à mademoiselle votre fille? Est-elle de votre fait apprivoisée à l'hymen de Bellegarde?

» — Sire, reprit monsieur mon père, on ne dit tout ce qu'on pense, on ne fait tout ce qu'on veut.

» — Néanmoins, dis-je, de devenir madame de Bellegarde, je n'ai pas l'envie ni le pouvoir.

» — Oui, vrai, poursuivit le roi ; car je m'y oppose de toute mon autorité.

» — A ce, je répondrai comme dans le Patenostre : Votre volonté soit faite en toutes choses.

» — Un bon conseil, messieurs et mesdames, demanda Henri. Quel châtiment encourt un gentilhomme qui se serait saisi des lettres de son prince ?

» — Savoir quelle sorte de lettres ? remarqua M. d'Estrées.

» — Lettres d'amour, repartit le roi ; lettres plus précieuses que des dépêches d'État.

» — Savoir, dit M. de Longueville, quel intérêt l'a mû à ce faire ?

» — L'amour, peut-être ? fis-je, me doutant du cas.

» — N'importe, dit le roi, il y a crime de lèse-majesté, trahison patente et avérée.

— Sans doute, répondit Périnet, Néron ou

Denys de Syracuse auraient puni de mort ce péché véniel ; mais Votre Majesté se vengera en disant de bouche ce que contenaient les lettres.

» —Je n'ouvrirais un meilleur avis, ajoutai-je, c'est de la jurisprudence amoureuse.

» —Suffit ! dit le roi tout haut ; et bas à mon oreille : Mignonne, ce serpent de Bellegarde me forcera de jouer le tyran.

» —Je vous en défie, repris-je du même ton ; ce n'est point à vous d'être jaloux de lui. »

Henri conçut des craintes au sujet de M. de Longueville, qui avait dedans l'âme un feu caché depuis qu'il me vit une première fois. M. de Longueville n'était pas mal fait ni désagréable à voir, il tirait bon parti de ses qualités naturelles, et parlait si bien qu'on se lassait moins de l'écouter que lui de parler. Ce prince avait mené de nombreuses galanteries, et nouvellement avec madame d'Humières à Mantes. Je confesse avoir quelquefois pris plaisir à l'entendre, et de fait il savait l'art de flatter les dames. Je dirai autre part les correspondances que nous avons eues un temps, lui pour me toucher par son grand amour; moi pour le dissuader de son projet, qui n'était qu'à ma perte. Lors de sa visite à Cœuvres, qui ne fut que de trois jours, il commença ses soupirs, dont Henri me délivra, l'envoyant en expédition le plus loin possible. « Car, me dit-il, Longueville est de la nature des écrevisses, en amour, il semble reculer et n'avance que mieux. Madame d'Humières l'accuse de jeter des sorts aux dames. Amour, pour vrai, est un habile sorier et le plus habile. »

Le roi logeait à Compiègne pour l'apparence, et passait à Cœuvres tout le jour et pas la nuit; ce dont il enrageait. M. d'Estrées, qui devinait ses desseins, avait les yeux ouverts et vigilants; Henri ne pouvant endormir cet argus, avisa de l'éloigner comme il avait fait de M. de Longueville, mais plus honnêtement.

« Monsieur d'Estrées, dit-il, je m'ébahis que vous n'ayez point de gouvernement.

» —Sire, répondit mon père, la faute en est à ceux qui ne m'en ont donné un.

» —Il faut que vous manquiez de langue pour demander?

» —Sire, je préfère ne vous importuner à l'instar de MM. de Rosny, qui ont toujours une demande pendue au bec, et pour un refus, comme Achille, se retirent en leur tente.

» —Monsieur d'Estrées, j'ai fait l'aumône à tous ces quêteurs; mais dites quel gouvernement vous plairait davantage?

» —Sire, pourvu qu'il soit peu distant de mes terres de Cœuvres et de Valieu! »

Ce n'était pas l'idée du roi, qui du mécontentement de se voir contrarié, s'en alla le lendemain à Mantes. La cause principale fut sa déconvenue pour la prise de la Fère, que M. le marquis de Ménelay, gouverneur pour la Ligue, devait lui remettre entre les mains, lequel fut assassiné au sortir de l'église, par Colas, lieutenant de M. de Mayenne, intéressé à conserver cette place sur l'Oise. M. mon père ne s'offensait pas que le roi m'écrivît si amoureusement qu'il lui plût, car à son avis les lettres n'engrossent point une fille. J'ai peine à m'expliquer la conduite que tint M. d'Estrées, jusqu'alors assez peu curieux de mes façons d'agir, puisque, comme j'ai dit, en la compagnie de Périnet, j'aurais été en pèlerinage à Rome, que monsieur mon père eût dit, selon son proverbe, qui manque à ceux de Salomon : « Pierre qui roule n'amasse pas mousse. » Eh bien ! depuis qu'il eut reconnu le point où en était l'amour du roi avec moi, sa très obéissante et fidèle servante, il se montra très attentif à ma vertu et plus que moi-même ; cela dura jusqu'à ce que Bellegarde lui eut rendu sa parole. Le pauvre Henri pâtit en silence d'être éclairé en toutes ses actions et démarches. Madame de Sourdis, qui se souvenait de la négligence de M. d'Estrées à l'égard de madame notre mère, raillait souvent de cette sorte : « On croirait, à vous voir si exact gardien de Gabrielle, quant à sa chasteté, que vous avez peur d'y perdre quelque chose ! laissez l'eau aller à la rivière » Je m'ennuyais de l'absence du roi, laquelle devait durer, puisqu'il irait à Dieppe prendre un secours de cinq cents Anglais. Me trouvant de loisir, je pensais à Bellegarde, à feu M. d'Aumale, à Zamet, et puis à Henri; ce qui m'agréait davantage. Sur ces entrefaites vint au château de Cœuvres un singulier envoyé de Sa Majesté.

CHAPITRE V.

Maître Guillaume. — Son portrait. — Son habillement. — Lettre du roi. — Recommandation du porteur. — Prise de Louviers. — Le capitaine Marin. — Vengeance d'honneur. — Henri IV à la chasse. — Le pillage et M. de Rosny. — Un coup de hallebarde. — L'apothicaire en belle humeur. — Les drogues. — Abdication de la seringue. — Condamnation des hallebardes. — Le fou du roi. — Affaires politiques et religieuses. — Le pape Grégoire XIV. — Les rois de la Ligue. — Les baise-mains. — Bon sens de maître Guillaume. — Le rire; le mariage; les proverbes. — La farce de l'*avocat Patelin*. — L'ambition d'un bouffon. — Oracles des fous. — L'un part et l'autre arrive. — Propos d'amants. — Rendre tout le monde content. — Maître Alibour et l'accouchée. — Les importuns. — Siége de Noyon. — Un souvenir pour Bellegarde. — M. d'Estrées fait gouverneur de Noyon. — Le Maheutre amoureux. — C'est un mystère. — Lettre d'un père prudent. — Il faut partir. — La fille obéissante. — Encore le Maheutre. — Paroles consolantes. — Paris en fête. — L'épreuve de l'amour. — Zamet et ses écus. — Le nom de Guise. — M. de Bassompierre. — Mademoiselle d'Entragues. — M. de Guise. — Récit de son évasion du château de Tours. — Un avis de la sainte Vierge. — Projet de fuite. — Les courses. — Basanes. — Les pommes d'Atalante. — Alerte! — Comment on sort de prison. — La bague de M. de Fayolles. — Vengeance de Bussy-Leclerc. — Faction des Seize. — Conseil des Dix. — Sourdes menées. — Le président Brisson. — Hommage à sa mémoire. — La veille de sa mort. — Les cabochiens et les Seize. — Le père Blondel

— Mauvais présages.—Le soldat Lévêque et l'abbé de Sainte-Geneviève.—Aveuglement funeste.—Le rendez-vous.—Mort du président Brisson.—Les gueux.—Les juges et les voleurs.—Zamet au petit Châtelet.—La chambre du conseil.—Les Seize et le bourreau.—Les pendus.—Avarice de Bussy-Leclerc.—Le conseiller Tardif.—Pendaison.—Rançon de Zamet.— Gabrielle se résout à quitter Paris.—*Amante.*—Le fauteuil du roi.—La place de Grève.—Cortége nocturne.—Gabrielle évanouie.—Présence d'esprit de Périnet.—Les cadavres et les écriteaux.— Prophéties.—Exorde pour la défaite d'une femme.—L'assassinat du président Brisson vengé.—Les pendeurs pendus.

Ce messager était de petite taille ramassée, malbâti, à savoir une bosse ésopienne dessus l'épaule, et un ventre tombant sur ses cuisses; de sorte qu'en marchant il avait l'air de porter des fardeaux derrière et devant. Il avait le visage joyeux et souriant, des yeux fixes et hébétés, les lèvres entr'ouvertes et montrant les dents; le menton pointu et les joues comme s'il eût les mâchoires occupées et la bouche pleine; ensuite, soit qu'il parlât, soit qu'il se tût, il remuait les badigoines ainsi qu'on fait en mangeant. Ce personnage, dont les mains, pareilles aux pattes d'un singe, traînaient quasi à terre :

était vêtu ainsi que les fous du temps de François Ier : les habits verts et rouges, à la mode des perroquets ; la collerette à six rangs, le chaperon blanc aux armes du roi ; et partout, soit aux pieds, soit aux bras, soit à sa marotte, des grelots au son argentin ; de sorte qu'au moindre mouvement qu'il fît, c'était un bruit de clochettes à s'entendre d'une lieue. « Madame, dit-il, le roi mon maître, comme aussi de tous les fous de son royaume, c'en est la majeure partie ; le roi m'envoie devers vous aux fins de me recommander à votre gracieuseté, et de vous rendre cette lettre meilleure à prendre qu'un clystère. »

Je fus surprise et offensée de ces libres paroles malséantes et malsonnantes ; toutefois, sans mot dire, j'ouvris la lettre plus longue que le roi n'avait accoutumé. Elle n'aura pas mauvais air ici.

Mon cher cœur,

« Je sais que le Maheutre n'a pas l'heur de vous plaire et m'abstiens de vous l'envoyer,

» bien que de meilleur serviteur qu'il est, je
» n'en ai pas, voire parmi mes gentilshommes.
» Donc, pour en tenir lieu, j'ai fait choix du
» plus gentil bouffon dont la tête fasse le moule
» d'un bonnet à grelots. Caillette, Triboulet,
» Ortis, Engoulevent, maître la Regnardière,
» ne sont rien auprès de maître Guillaume,
» qui a un sens exquis, une langue fine et mor-
» dante, et, ce me semble, l'envie de vous être
» agréable non moins qu'à moi. Il vous dira et
réitèrera que je me porte ni plus ni moins
» bien, et que je vous aime à toute heure du
» jour. J'espère qu'il en est de même quant à
» vous, et que vous avez de votre cœur effacé le
» nom de Roger pour y inscrire celui de Henri.
» Votre Bellegarde est plus que consolé avec
» sa demoiselle de Guise, qui le vient visiter à
» Villepreux, où est présentement l'armée. Mais
» c'est déjà trop pour vous et moi que de vous
» remettre en idée M. mon grand-écuyer, que
» de cette façon je ne ferai pas duc et pair (1),

(1) Ce passage nous a été un trait de lumière pour corriger une grosse erreur à laquelle nous n'avions pas songé. En plusieurs endroits des

» ainsi que le feu roi Henri lui promettait pour
» l'amuser. Je veux vous conter une belle prise
» que j'ai faite quasi sans y songer; j'enrage
» que Louviers, près Rouen, soit un gouver-
» nement qui ne sied point à M. d'Estrées.

« Un de mes capitaines, nommé Marin, fut
» maltraité par M. du Rollet, gouverneur du
» Pont-de-l'Arche, à qui, en guise d'adieu, il dit
» ceci ou approchant : «Monsieur, votre injustice
» est grande, et je vous prouverai de quelque
» bonne manière que si la Ligue avait des es-
» pions tels que moi, Sa Majesté serait demain

Mémoires nous avons mis *duc* de Bellegarde, par suite d'une fausse interprétation du manuscrit, où souvent on lit en abrégé S. de Bellegarde. Cette S, qui veut *sieur*, nous l'avons prise pour un D, et naturellement nous avons fait M. de Bellegarde duc et pair vingt ans plus tôt qu'il ne l'a été. Les abréviations si fréquentes dans les anciens manuscrits exposent à de plus lourdes bévues, témoin toutes les chroniques publiées par M. Buchon, dans lesquelles on rencontre jusqu'à des pages entières transposées et des passages inintelligibles. L'abbé de Longuerue, dans sa *Description historique et géographique de la France ancienne et moderne*, dit que la ville de Seure sur la Saône étant venue au pouvoir de Roger de Bellegarde, grand-écuyer de France, il la fit nommer *Bellegarde*, et elle fut ensuite érigée en duché-pairie par Louis XIII (en 1620).

Note de l'éditeur.

» à Paris dedans son Louvre. » Là-dessus Marin
» courut le pays faisant métier de porte-balle,
» et s'allant approvisionner de draps en la ville
» de Louviers, où il connaissait un homme de
» métier, et un prêtre, lequel du haut du clo-
» cher nuit et jour veillait pour signaler les
» arrivants par la campagne, et les annonçait
» d'un son de cloche. Marin promit de par le roi
» quelques dix mille écus et débaucha ces gens,
» de sorte qu'il vint dire à du Rollet : « Demain
» au coup de midi faites une embuscade de cent
» chevaux, tandis que j'aviserai à vous livrer les
» portes de Louviers. « Du Rollet ne voulut le
» croire qu'à bonne enseigne et preuves en
» main. M. de Biron fut pareillement averti, et
» la chose alla de bien en mieux. Rosny, l'un
» des meneurs, me céla tout, disant que j'avais
» la main malheurée, et par quelque impru-
» dence j'empêcherais que la surprise réussît.
» Donc j'étais à chasser non loin de là avec
» Chicot et quelques autres, quand le bruit des
» arquebusades me fit pousser devers Lou-
» viers où j'entrai seul avec Chicot, les portes

»ouvertes et sans gardes, les rues désertes et
» maisons fermées. Vinrent à ma rencontre un
» gros de cavaliers avec l'écharpe noire comme
» s'ils fussent ligueurs : « Sire, me cria l'un deux,
» la ville vous est rendue ou à peu près. » C'était
» Marin, avec de bons royalistes, lesquels avaient
» fait le coup. J'arrivai sur la place du Marché,
» où ligueurs et bourgeois soutenaient le com-
» bat fort hardiment, et le soutinrent jusqu'à
» la mort du plus grand nombre. Nos gens, la
» plupart lansquenets, se ruèrent au pillage; et
» M. de Rosny y encourageant ses domestiques
» après la curée :

« Rosny, dis-je, mes pauvres sujets seront
» ruinés et mon cœur s'en fend.

» — Sire, répondit Rosny, que si vous ar-
» rêtez le lansquenet au sac d'une ville, vous
en serez pillé vous-même.

» — Sus donc! mon ami. Mais veillez à ce
» que l'on ne force pas les femmes. »

» A cette discipline j'avais l'œil et la main,
» et j'errais par les rues. Je vis un soldat qui
» saccageait une boutique donner de la hampe

» de sa hallebarde dessus le chef d'un mar-
» chand, qui du coup chut le nez en terre, tout
» raide, et se relevant debout, commença de rire
» à ventre déboutonné. « Maître Guillaume est
» en belle humeur! » dirent plusieurs passants.
» Le petit homme, laid et difforme, ainsi que
» vous le témoignera son aspect, au lieu d'être
» assommé bel et bien, entra en folie, et dé-
» goisa si gentiment, que je m'arrêtai à l'écou-
» ter. Il vint en chantant à sa boutique, pillée
» par ce brutal de soldat, et lui jeta par la face
» certaine poudre dont l'autre éternua que c'é-
» tait bénédiction. Après quoi, se croyant vengé,
» il déménagea ses vases, mortiers, fioles, dro-
» gues et toute l'apothicairerie dessus le pavé,
» criant comme fait un crieur-priseur pu-
» blic : « Ligueurs et royalistes! qui êtes ma-
» lades, venez ci, venez là, que je vous baille
» guérison. Poudre des aveugles, pour éclaircir
» la vue de notre saint père le pape, troublée
» par les arguments de Sorbonne! Onguent du
» Béarnais, pour corriger le vice d'impuissance
» et venir à bout des pucelles! Drogue de M. de

»Mayenne, pour nettoyer les intestins et en-
»garder contre les indigestions! Mystères de
»la Ligue, pour vider l'or de l'Espagne et mé-
»deciner le pauvre peuple moribond! Poison
»des Seize, pour se préserver de la mort su-
»bite!» Je n'aurais jamais fait de vous détailler
»les plaisantes choses qu'il tirait de son esprit,
»la plupart mordantes et satiriques. Bourgeois
»et soldats négligèrent le pillage pour lui prê-
»ter audience, et moi comme les autres, riant
»plus que deux. Quand il eut bien lâché la
»bride à ses saillies, et en même temps dégarni
»sa boutique, il ôta sa cape, chausses et che-
»mise, puis nous montra ce qui ne se montre
»guère qu'aux apothicaires, disant: «Le métier,
»mes très honorés concitoyens, ne vaut une
»pinte d'eau chaude, d'après que vous voilà tous
»plus pauvres que Job; partant cherchez-en
»un qui vous soigne et administre ce que vous
»entendez bien. Je fais la figue au roi comme
»à la Ligue.» Je confesse que mon procureur
»La Regnardière, parlant sacs et procès, quê-
»tant toujours ses épices, ne m'a tant diverti

» que cet apothicaire. Alibour, qui me joignit
» en cas que je fusse blessé, tâta le pouls de
» maître Guillaume et dit doctoralement :

« Tout ainsi qu'une femme en couches de
» qui le lait s'en est allé dedans la cervelle, cet
» homme est fou sans remède.

» — En ce cas, repris-je, les fous me plaisent
» davantage que les sages, et, s'il vous plaît,
» maître Guillaume sera mon Triboulet.

» — Sire, vous me faites tort, se récria Chicot.

» — Monseigneur, dis-je à l'apothicaire, je
» suis le roi que vous nommez le Béarnais; me
» permettez-vous de vous offrir la charge de
» bouffon royal?

» — Il m'agréerait mieux, répondit-il, d'être
» fait président de quelque parlement, afin que
» je condamne toutes les hallebardes, j'entends
» leurs hampes, à être rompues et brûlées. »

» Il se raccoutra de son surcot et de ses
» chausses qu'un lansquenet allait dérober, et
» me suivit, répétant à pleine voix : « Vive le
» roi ! vive la Ligue ! » Tout-à-coup il retint
» mon cheval par la queue, et sautant familiè-

»rement dessus la croupe, me dit en forme de
» prière :

« Sire, l'emploi de bouffon n'est pas peu de
» chose, et ma juridiction s'étendra à votre
» personne royale ; donc je requiers cette grâce
» de n'avoir d'autre roi que celui de la Basoche
» de Paris.

» — Et moi, dis-je, que serai-je ? compère.

» — Tant seulement mon premier sujet, et
» j'aurai le privilége de vous donner matière à
» rire, et non du bout des lèvres. »

» Ainsi fut passé notre traité, et de retour à
» Mantes j'ai fait vêtir de neuf monsieur mon
» fou, qui est tout fier de devenir un homme
» de satin. Vous jugerez au juste ce qu'il vaut
» et ce qu'il ne vaut pas.

« Comme avant de vous aller voir, je dois
» me rendre à Dieppe et autres lieux pour les
» affaires de ma couronne, encore mal établie
» sur mon chef, je veux vous narrer en bref
» l'état où sont les choses. Décidément les papes
» me seront contraires jusqu'au tombeau et peut-
» être après. Ce Grégoire XIV, que je vou-

» drais savoir dedans la nasse de saint Pierre
» avec un grès au cou, me poursuit comme un
» beau diable, de bulles, excommunications,
» lettres et monitoires. Le pape Sixte V était
» un ange à ce prix. Ventresaintgris! que si
» nous étions au temps du roi Robert, je serais
» fui et refui, de vous aussi, ma belle, parce-
» que me voilà maudit suivant le bon plaisir
» papal. Ce n'est tout : je vais combattre les
» soldats italiens du saint-père, assez coutu-
» miers de tourner le dos à l'ennemi. Dedans le
» château Saint-Ange est un copieux trésor en-
» foui en l'honneur de Jésus-Christ, et qui me
» viendrait bien à point; le pape y fait brèche
» pour lever six mille Suisses, quinze cents
» chevaux et deux mille hommes de pied de sa
» nation, la plupart tonsurés j'imagine, et ne
» m'en soucie point, lesquels seront menés en
» France par le propre neveu de Sa Sainteté, le
» seigneur Francisque Sfondrate son neveu, duc
» de Monte-Marciano, et par le seigneur Virgile
» des Ursins, duc de Bracciano. Les troupes
» ecclésiastiques ne sont pas ce qui m'effraie,

» car je les aspergerai de balles et de boulets
» en guise d'eau bénite. En outre cet enragé pape
» a lancé en mes États le nonce Marcelin
» Andriano, qui menaçant d'excommunica-
» tion les prélats et prêtres à mon obéissance,
» me fait grosses haines parmi le menu peuple.
» Mais par mon parlement de Tours je fais con-
» damner ledit légat comme coupable de lèse-
» majesté, et ses monitoires seront lacérés et
» brûlés des mains du bourreau, à moins d'un
» miracle. M. de Luxembourg, qui fut long-
» temps en mission à Rome, s'emploie à dé-
» tourner contre la Ligue ces tempêtes. Je ne
» pensais pas qu'un pape, au temps où nous
» sommes, pût tant remuer les esprits, et sur
» ce je me réjouis d'être bon calviniste. Le gros
» Mayenne, bon homme en dépit de tout et de
» lui-même, m'a fait offrir la paix à des con-
» ditions que je ne pourrais recevoir, à moins
» de changer mon diadème en bonnet de fou.
» Il s'ennuie de n'avancer pas en ce qu'il désire,
» le trône de France, rien de plus! Dans la ri-
» dicule assemblée que les chefs ligueurs ont

» faite à Reims, pour être plus proche de la
» sainte ampoule qui fait les rois, ils étaient là
» une douzaine de rivaux quant à la royauté.
» Le duc de Lorraine, le duc de Mayenne,
» le duc de Mercœur, le duc de Nemours, le
» duc de Savoie, le duc d'Aumale et d'autres,
» disant chacun que le meilleur roi sera icelui
» pris de leur main. Ils ont tous des droits plus
» valides que les miens, et sont prêts à s'inti-
» tuler par la grâce de Dieu! En sa prison de
» Tours, M. de Guise se chatouille de l'espoir
» d'avoir l'avantage, et mon cousin le cardinal
» de Bourbon-Vendôme n'a pudeur ni con-
» science de mettre en avant un tiers parti. Tout
» ceci, ma mignonne, joint à ne vous pas baiser
» comme je voudrais, me chagrine et tarabuste.
» Néanmoins de ces rois en imagination, je
» n'achèterais pas l'héritage, et me contente de
» bien tenir ce que je tiens. Voici moult oisives
» paroles dont j'ai honte et regret, car en
» toute la présente je ne vous ai donné plus de
» cent baisers à la bouche et partout, d'autant
» que M. d'Estrées, que les dieux jadis eussent

» métamorphosé en ceinture de chasteté, n'y
» trouvera rien à reprendre. Donc je vis et meurs
» en l'attente du Messie, qui est votre douce
» présence, et je repais ma fantaisie de votre
» souvenir, qui m'arrête au bord du gouffre de
» désespoir. D'ailleurs il vous réussit bien de
» n'être baisée ainsi que par lettres; de cette sorte
» vos fraîches couleurs n'en pâtissent. Le vôtre
» à la mort.

» HENRI. »

Cette lettre, non moins étendue qu'un rapport d'ambassadeur, me satisfit en cela que j'en augurai que Sa Majesté ne regardait à ses moments pour penser à moi, ce qui est indice certain d'amour; car il n'aime pas, celui ou celle qui peut se distraire de l'absence, tourment pire que tous pour les vrais amoureux. Durant que je lisais l'épître, maître Guillaume n'avait eu cesse de me parcourir du regard, sans bouger. Je me remis de nouveau à le considérer et ne me tins pas de rire en éclatant.

« Madame, dit-il, riez à votre aise; votre

petit serviteur se dit bien heureux de vous procurer ce remède de son apothicairerie ; car le rire est profitable à la nature de l'homme, et de la femme surtout : on ne rit onc de pleurer, mais bien de rire on pleure ; d'où je conclus que rire n'engendre pas mélancolie. En somme m'est avis qu'il faut rire de tout ou ne rire de rien ; car tout en ce bas monde est risible.

» — Voilà, répondis-je, mon ami, une joviale philosophie que beaucoup vous envieront. Dites-moi, fûtes-vous marié jamais?

» — Hé! tel est marié du matin, qui se repent après midi et davantage le soir.

» — Quoi donc! le mariage, est-ce chose à dédaigner?

» — Demandez aux âmes cautérisées, j'entends les jésuites, ils vous diront oui et non, ou, si mieux aimez, non et oui ; moi je déclare à son de grelots et de marotte que le mariage est une méchante terre, fertile malgré ce, en laquelle l'homme sème du bon grain, et le diable de l'ivraie, de sorte que blé et mauvaise herbe se trouvent si mêlés, que d'en tirer une livre de farine est de fait impossible, et j'y renonce. Si le bon Dieu était marié, il grèlerait en été, et la terre se fendrait en hiver de sécheresse.

» — Par ainsi tu me conseilles de ne point prendre d'alliance ?

» — Savoir avec qui, car ici bas il y a, madame, plus d'un chemin menant à Rome, et chez un marchand de vieux et de neuf il faut choisir.

» — Dis, maître Guillaume, si j'épousais un gentilhomme ?

» — Foin ! qui n'a patience il n'a guère ! Des gentilshommes, il y en a cent sur chaque paroisse, et le moule de l'habit n'est pas rare. Il vous convient d'espérer au-dessus ; car le premier gentilhomme de France est l'égal d'une jolie fille.

» — Quel est le premier gentilhomme de France ? lui dis-je.

» — Le roi François Ier l'était de son temps, et c'est le roi Henri ou moi, ce me semble, aujourd'hui. Je sais que femme est comme le diable, qui plus a plus veut avoir. Mais celle qui aurait le roi Henri pour époux et maître Guillaume pour bouffon, elle peut se dire mieux partagée que ne fut la mère de Romulus et Rémus : je n'entends parler de la louve.

» — Tu t'estimes donc à bien haut prix de ta personne ?

» — Oui, voirement me pourrez croire ; car sont trois choses croyables : femme grosse, homme mort et maître Guillaume content. Je descends en ligne directe du Guillaume, marchand drapier, qui joue un rôle en la farce de l'*Avocat patelin*.

» — Celui dont on emporte le drap, et qui a pour femme Guillemette ?

» — Le même, plus célèbre à sa façon qu'Alexandre chez les drapiers et les tailleurs, dont la fête est à la Trinité, parceque d'une pièce ils en font plusieurs. Or je me suis fait apothicaire, parcequ'à prendre mon drap on m'eût ruiné et abîmé, au lieu que les malades m'enrichissaient, prenant de mes médecines et pilules.

» — Dis-moi ton avis sur un point : me sied-il d'aimer le roi, qui m'aime ?

» — Qui ne fait quand il peut, il ne fait quand il veut; et les biens ne sont à qui les a acquis, mais à qui en jouit.

» — Bien ça ! maître Guillaume, tu feras figure à la cour, et je te retiens pour mon petit page; mais avise à plaire au roi par tes gentillesses; pique dru les méchants courtisans, épargne les bons, et tu passeras Chicot et La Regnardière à dépenser de la folie et de l'esprit.

» — Oui, plus dépense qu'il n'a vaillant, fait la corde dont il se pend. »

Ce fou, dont le sens est plus rassis que les fortes têtes, a de merveilleux conseils pour l'occasion; mais il est rustre et peu galant avec les dames, qui, pour ce, le fuient comme peste. L'air de la cour, qui est le bel air, ne l'a point corrigé jusqu'à ce moment de cette bave de proverbes amassés par les carrefours, et qu'il répand parmi les robes de drap d'or et les habits de satin. Son prodigieux jugement n'a pas peu réussi à le faire estimer de Henri, qui rit de ses bouffonneries et ne se fâche de sés vertes critiques. Maître Guillaume est plus fin et matois qu'on ne croirait à son abord lourd et déplaisant. Il a jalousé d'abord Chicot et La Regnardière, contre son apothegme que corbeaux avec corbeaux ne se crèvent jamais les yeux. Le premier fut tué misérablement pour une drôlerie imprudente; le second, chassé et rechassé par les menées de maître Guillaume, est de la nature du roseau, qui plie et ne rompt pas. Je confesse que ses dames flatteries me gagnèrent cœur et âme en cette première vue, et depuis il ne m'a fait que de bons offices, se déclarant chevalier de mes souliers, ce qui fit dire à ce malotru de La Regnardière : « Prends garde, mon frère, jamais ne fut si beau soulier qui ne devint laide savatte. »

Sitôt qu'il fut dehors avec ma réponse au roi, plus brève, et non moins tendre, Périnet me vint dire :

« Madame, avez-vous quelque oracle à l'appui des miens ?

» — Vraiment ! fais-tu cas d'un fou comme d'un sorcier ?

» — Cent fois pis ; car le sorcier ne dit que ce qu'il sait, et le fou ce qu'il ne sait pas.

» — Vertugale ! comme si un maître fou était prophète de Dieu sur terre !

» —Pythagore le pense, et le seigneur Agrippa le soutient par de bonnes preuves. Prendre avis d'un fou est un mystère cabalistique.

» — Il s'ensuivrait que je serai femme du premier gentilhomme de France?

» — Je tirerai, s'il vous plaît, semblable augure de votre physionomie, savoir de vos sourcils hauts et poilus, de vos petites lèvres, de votre menton rondelet ! que sais-je ? Le système d'Apollonius de Thiane vous signale comme réservée aux grandes choses.

» — Périnet, mon petit, tâche à ne pas me faire croire ces destinées dont tu me pais, car désespoir est plus affreux après l'espoir.

» — Ma chère maîtresse, je n'ai encore usé de toutes sciences secrètes, et quelque jour j'aurai recours à la nécromancie, qui est l'art d'interroger les morts.

» — Par Dieu ! n'en faites rien, ce sont piéges de Satan pour perdre les âmes à leur damnation éternelle. »

Le temps, je m'en souviens, me sembla d'un cours bien lent durant le séjour du roi, loin de Cœuvres, où n'était plus parlé de Bellegarde, moins que s'il n'eût onc existé. M. d'Estrées y songeait néanmoins à part lui, car il me dit un jour que je reçus lettres de Henri : « Ma belle Gabrielle, le susdit contrat se doit accomplir à la Pâque prochaine ; d'ici là, qui arrive dans quelques mois, invente un bon moyen de dégager ma parole ou de la tenir. » Cette pensée me mit des larmes dedans les yeux, et je gringottai tout bas un *Ave Maria*. Je sentis bien dès lors que je n'aimerais plus le moins du monde M. de Bellegarde, et je souhaitai qu'il en fût pareillement de son côté. Les lettres du roi cependant me donnaient bon courage, et madame de Sourdis, qui ne me quittait non plus qu'une duègne espagnole, requise de cela, je crois, par M. de Cheverny, se riait de la parole de monsieur mon père. « Autant vaudrait, disait-elle, qu'il eût promis au pape de découvrir onze mille vierges pour le calendrier. »

On disait le roi à Dieppe, et ses dernières nouvelles en venaient, quand mon père fut, par ordre de M. de Longueville, dépêché avec un régiment aux approches de Noyon, pour dresser des observations militaires. C'était au vingtième de juillet qu'il partit de mauvaise humeur, et disant à grosse voix : « L'amour, chez les dames, est une hydre aux cent têtes ; coupez-en une pour voir, il en naîtra mainte autre ! » Il présageait juste, monsieur mon père, plus curieux de ma continence qu'il ne le fut pour madame Babou son épouse. Il était à petite distance de Cœuvres, que d'une route opposite arriva Henri, comme s'il eût flairé le départ de M. d'Estrées.

« Ventresaintgris ! mon cher cœur, s'écria-t-il me baisant, les mois sont des années pour les amoureux qui ne se voient et en meurent d'envie.

» — Sire, je n'étais pas moins en peine de vous, et l'absence est pour l'amour comme le vent pour le feu, qui éteint le petit et rallume le grand.

» — Ma mignonne, vous n'avez point vu Bellegarde, ainsi que convenu est entre nous?

» — Sur mon salut éternel! sire, je n'ai guère souhaité de le voir; mais j'ai ouï-dire qu'il persiste à me vouloir épouser, fondé sur ce que le feu roi le voulait bien.

» — Vive Dieu! Il fera beau vous marier en dépit de vous et de nous! M. de Bellegarde y regarderait à deux fois de me désobéir et de vous chagriner.

» — Sire, monsieur mon père est aussi dur à nos amours.

» — Le bonhomme a passé le temps d'aimer, si ce temps fut jamais pour lui; mais je sais ce qui plaît aux vieillards, et nous le déchargerons de si difficile garde qu'est une fille belle comme vous êtes.

» — Messieurs mes frères seront encore à réduire au silence : le prêtre est de bonne pâte à manier, et nous en aurons bon marché : quant au guerrier, il a volontiers la rapière hors du fourreau et n'entend point de toute oreille.

» — Bon! un évêché jeté au bec de l'un l'empêchera de crier, et l'autre de mordre, moyennant quelque emploi éminent.

» — Mes sœurs, envieuses comme sont les femmes de nature, joueront de la langue contre ma bonne fortune.

» — Je les marierai avantageusement, les doterai, les ferai grandes dames, et vous les verrez vos très humbles servantes. »

Ainsi est arrivé. Soudain il se fit dans les hauts une suite de crieries et de pleurs.

« Qu'est-ce? demandai-je à Rousse qui courait à l'étourdie.

» — Rien, madame, fit-il, ou pas grand'chose.

» — C'est mon affaire, s'écria maître Alibour qui était de la suite du roi. Et il alla en hâte à l'endroit d'où venait le bruit.

» — A son air réjoui, dit le roi, et à la presse qu'il se donne, je croirais volontiers qu'il y a quelque femme en gésine.

» — Vous raillez, fis-je; à Cœuvres, il n'est que deux épousées; madame de Brancas ma sœur, grosse de six mois à peine; et la Rousse, mariée de trois mois seulement.

» — Ce n'est point madame de Brancas, laquelle se promène là-bas avec son gros ventre et Chicot.

» — A trois mois de mariage Louison est bien empêchée d'accoucher!

» — Ventresaintgris! est-il nécessaire du sacrement pour jeter en moule des enfants.

» — Madame, dit Rousse venant à moi d'un air suppliant, suis-je trop osé de compter dessus votre pardon?

» — L'enfant vit et se porte bien! cria de loin Alibour, et je suis arrivé que tout était fait!

» — Vraiment, repris-je, Louison a si bien travaillé sans m'avertir!

» — Puisque ce garçon, fit le roi, prend la chose sur son chef, il doit s'excuser auprès du mari de ce qu'il a pris les avances.

» — Hippocrate! remarqua tristement Alibour, je vous en veux, sire, d'avoir une femme stérile et gloutonne! Je suis votre premier médecin, à quoi bon? je n'aurai onc l'honneur insigne d'accoucher une reine et de recevoir un roi venant au jour.

» — Patience! répondit le roi me regardant à me faire toute rouge, le champ sera labouré et semé à grand soin. Prions Dieu que l'année soit plantureuse! »

Le roi me tirant hors de là, me conta fort amoureusement qu'il allait renvoyer ses gentilshommes à Saint-Quentin, et demeurer à Cœuvres pour filer le parfait amour sans qu'il tombât en quenouille. A cela je ne pus rien répondre, et le nenni que je proférai tout bas valait un oui dit tout haut. Nous en étions aux fleurs de l'entretien le plus galant possible, quand une rumeur s'éleva dedans les cours. M. d'Estrées revenait avec M. de Longueville, qui s'attendait à me voir, et profita des instants pour employer ses deux yeux :

«Sire, dit monsieur mon père, notre mission est ajournée, car il nous faudrait une armée quasi pour tenir la campagne contre les partis ligueurs qui sont aux alentours de Noyon.

M. le duc d'Aumale a eu avis de notre entreprise, et nous allons, s'il vous plaît, attirer autre part les ennemis par un leurre.

» — Non, reprit aigrement le roi, M. de Longueville sera certes de mon avis.

» — Sire, répondit le duc, après le vôtre il faut obéir comme au meilleur.

» — Monsieur d'Estrées m'a demandé un gouvernement? dit le roi.

» — Je ne l'ai demandé, sire, interrompit mon honoré père; vous seul, de votre bonté, me l'avez offert, et je n'ai point dit non.

» — Sire, dit M. de Longueville pour se faire bien venir de moi, M. d'Estrées est un des plus braves et dévoués gentilshommes de Votre Majesté.

» — Je n'ai pas attendu à ce jour pour m'en apercevoir, répondit le roi, et je n'attendrai guère pour le récompenser dignement.

» — Ce sera bien fait à vous, sire, repartit M. de Longueville, comme aussi de marier madame Gabrielle, la plus belle fille de vos États.

» — Quant au mariage, dit le roi, nous verrons à remplacer M. de Bellegarde par un mieux aimant et mieux aimé, ce qui sera facile.

» — Sire, fit mon père, ne faites-vous quelque petit séjour à Cœuvres, ainsi que M. de Longueville?

» — Nenni, reprit Henri. Monsieur de Longueville, et vous, monsieur d'Estrées, venez avec moi; je vous emmène tout à l'heure.

» — En quel endroit, sire? dit M. d'Estrées inquiet pour moi.

» — A Noyon, votre gouvernement, épondit Sa Majesté. »

A peu de jours de là, Noyon fut investi par le baron de Biron; et malgré les grands efforts du roi, le premier soldat de son armée et le premier capitaine du monde, le siége tira en longueur tellement qu'il ne finit qu'au 19e d'août, par la capitulation de la ville, faute d'être secourue par M. de Mayenne, lent et indécis en toute chose. Tant que dura le siége, lettres d'aller et messagers de courir pour l'avancement de nos amours qui persévéraient et croissaient par l'envie de se revoir. Henri ne me laissa ignorer un seul fait, et ses tendresses s'exprimaient de mille sortes. De ma part, je n'omettais point si j'avais bien ou mal dormi et quels rêves j'avais faits. Bellegarde fit bien de se désister de m'écrire; car autant en eût emporté le vent.

De cette époque, sire, je n'ai plus aimé d'amour le moindrement ce rival dont vous vous faisiez tant de peur, et ceux qui diront le contraire auront menti par la langue. Même il me souvient que la nouveauté de votre amour que j'appréciais alors à sa valeur avait aigri quasi de la haine contre Bellegarde; chose injuste de soi : pour ne pas aimer faut-il haïr? Depuis, et vous m'en avez louée, j'ai rendu mon amitié à ce pauvre désappointé.

Les nouvelles de la prise de Noyon et de son gouvernement donné à mon père, et de son évêché promis à mon frère Annibal, m'arrivèrent sans délai des mains du Maheutre, encapuchonné comme toujours. A travers les trous de son masque brillaient ses yeux comme ceux d'un chat en chaleur parmi l'obscurité; et quand il me remit l'épître du roi, sa main engantelée me parut trembler; puis un soupir s'entendit sous son capuce, sourd et en écho.

« Sac d'alchimiste! s'écria Périnet, madame, l'amour de Sa Majesté est contagieux : je soupçonne, et le Maheutre en a sa quote part.

» — Le roi, dis-je, m'annonce sa proche venue, et peut-être est-il en route. Mon gentil Maheutre, porte à Sa Majesté cette aiguille qui fut en ma chevelure, afin qu'il en aiguillonne son cheval. »

Ce singulier personnage était raide et muet comme n'ayant point ouï mes ordres; mais recevant l'aiguille avec un nouveau soupir, il salua et piqua des deux.

« Je sens un vif et poignant désir de savoir le vrai de ce Maheutre, dis-je à Périnet.

» — Deux personnes seulement, excepté Dieu, connaissent ce vilain mystère et ne le diront à quiconque, pas même à leur confesseur.

» — Le sais-tu pas, petit, pour m'en faire l'aveu?

» — Dieu m'en garde; mais s'il est quelqu'un

qui vous puisse éclaircir ce secret inouï, qui sera-ce sinon le roi?

» — Non, je ne veux rien savoir, de peur des infamies; mais ne voit-on point le Maheutre au visage?

» — Il n'est que ses père et mère qui puissent dire ce qui en est. »

J'ai souvent eu l'idée que ce Maheutre était homme à tête de bête, et Henri, à qui je contai mes soupçons, me pria de taire toute conjecture semblable, attendu, dit-il, qu'en cas de grossesse je pourrais par cette pensée concevoir un monstre à figure humaine.

La lettre du roi susdite ne précéda guère une autre fort dure de monsieur mon père qui m'alarma jusqu'aux sanglots et ainsi faite:

« MA CHÈRE GABRIELLE,

» Noyon est pris, et notre bon roi m'en a
» fait gouverneur; j'ai raison de me réjouir
» à ce sujet; mais je te prie de ne te point
» contrister de la suite. Je t'ai depuis ton bas
» âge préféré à tes sœurs et frères; c'est le

» cas ou jamais de me témoigner quel prix tu
» fais de mon amitié paternelle. Sitôt la présente
» reçue, il est urgent et nécessaire que tu dises
» adieu à Cœuvres pour deux mois environ,
» et pendant ce temps tu iras habiter à Paris
» l'hôtel du sieur Zamet à qui, j'ai mandé ta ve-
» nue. Je n'userai de violences ni de menaces
» pour te pousser à ce dessein; mais en fille
» obéissante et sage, tu partiras sans tarder. Il
» n'est besoin de parler plus longuement, et le
» reste est ton affaire, non la mienne. Tu sais
» comme quoi dans cet intervalle tu serviras
» Sa Majesté. Un refus de toi me navrerait au
» fin fond du cœur, et il me plaît de croire à
» l'avance que tu prendras le meilleur parti.

» ANTOINE D'ESTRÉES,
» Sieur de Valieu et de Cœuvres. »

Je fus toute pâmée de cet inopiné contre-
temps et aux grands désespoirs que je fis, madame de Sourdis vint, qui lut la lettre et en ad-
mira l'impertinence.

« M. d'Estrées raille ou a perdu le sens, dit-elle ; je me figure la grosse colère de Sa Majesté à la lecture de ce.

» — Ne lui montrez, pour Dieu ! il rancunerait trop monsieur mon père.

» — Ma sœur, j'y vois clair, se plaignait à bon droit des injustices de monsieur son mari, et à sa place je n'eusse pas mieux agi.

» — Qu'ai-je à faire à Paris, moi bonne royaliste, au milieu des ligueurs et des Seize espagnolisés ?

» — L'idée est trop dérisoire, vous dis-je, et M. d'Estrées ne pense point à ce qu'il écrit.

» — Toutefois je me garderai de lui déplaire en aucune chose.

» — Sur mon âme ! vous n'êtes pas moins insensée que M. d'Estrées. Vous allez donc déplaire bien autrement à Sa Majesté ?

» — En cette alternative je ne sais que résoudre, et pourtant suis bien arrêtée à ne point dévier du respect que je dois à mon honoré père.

» — Un bon avis vaut davantage que dix mauvais, et le mien n'est pas à la légère ; attendez que le roi vous vienne conseiller, et je veux être une vilaine s'il vous excite à la départie. »

Madame de Sourdis sortit sans doute pour instruire Henri de ce qui se passait; ce pendant je cachai la lettre et fis venir Périnet :

« Mon fils, dis-je, examine l'aspect des astres et me dis tout franc s'il est prospère et favorable.

» — Madame, répondit-il tout radieux, je sors d'étudier les signes, et l'état du ciel ne saurait être meilleur; j'appréhende que tout ce qu'il vous plaira d'entreprendre réussira sans faute.

» — L'horoscope me suffit ; va donc, et fais les apprêts du départ.

» — Par le coq blanc! madame, vous n'y songez; le roi arrive...

» — Périnet, puisque les influences célestes sont d'heureux présage, je vais à Paris.

» — Madame, voilà la première de vos fantaisies que je désavoue.

» — Mon ami, une fille bien née obéit à son père, quoi qu'elle en ait. »

Madame de Sourdis, mes sœurs, et par-dessus tout mon frère Annibal, plein de l'idée d'un évêché, tout le monde enfin, sans omettre Rousse et sa femme, travaillèrent à me retenir ; mais ma résolution était trop ferme, et les adieux faits, je me mis en route avec mes domestiques, le cœur oppressé et les yeux larmoyants. Je m'étais excusée par écrit auprès du roi, dont je déplorais la déconvenue de trouver un petit papier de ma main au lieu de moi; mais sans doute, pensai-je, M. d'Estrées aura considéré comment s'engarder de l'ire royale. J'avais néanmoins pris le chemin par où le roi viendrait, avec espoir de le rencontrer; mais Sa Majesté se repentit d'une visite en un château, laquelle fut cause de notre séparation trop cruelle des deux côtés. Devers Compiègne, le Maheutre s'offrit à moi par la chaussée; et pensant qu'il était envoyé à ma poursuite, je fis arrêter mon carrosse, à la portière duquel vint le Maheutre, qui me parut fort en peine sans doute à cause des méchantes nouvelles qu'il portait au roi, savoir la mort de M. de Lanoue Bras-de-Fer et l'évasion du duc de Guise. Il ne nous en apprit rien, le pauvre muet, mais d'un signe il me supplia de retourner, comme s'il eût avis de ma fuite : « Mon ami, lui dis-je, va-t'en rapporter au roi que je lui montre le chemin de Paris, et qu'il ait à m'y rejoindre. » Le Maheutre répondit d'un branlement de tête. « Dis en outre à Sa Majesté que je préfère ce voyage à épouser M. de Bellegarde, et que j'aurai toujours à cœur les intérêts de sa couronne. »

Le Maheutre s'inclina profondément, non sans soupirer, porta la main à son cœur, et s'éloigna à bride avalée.

» — Tant plus je le vois, tant plus il m'étonne! dis-je à Périnet.

» — De plus misérable, fit-il, je n'en sais qu'un au monde, le Juif errant, parcequ'il est immortel. »

A mon entrée, Paris était en fête et en joie; boutiques closes comme un dimanche, maisons pavoisées et illuminées, un bruit de cloches à réveiller les morts et tuer les vivants; des cris et des escopetteries par les rues, des *Te Deum* en chaque paroisse.

« Quel saint chôme-t-on? s'enquit Périnet.

» —Êtes-vous étranger en cette ville, et venez-vous du pays de la lune, répondit-on, pour ignorer que M. de Guise s'est évadé du château de Tours, et que demain il arrivera d'Orléans? »

On répétait de toutes parts : « Vive Guise! » Et ce nom me fit mal à cause de Bellegarde. Zamet, quoique instruit de ma visite par M. d'Estrées, n'y pouvait compter eu égard à l'amour du roi, que je lui avais mandé précédemment. Il me baisa bien paternellement, ce bon seigneur, et pleura de me voir si belle et si bien portante.

« Ma fille, dit-il, je prie la sainte Madone que vous deveniez reine de France et de Navarre.

» —Bastien, répondis-je, le roi désormais s'en va cesser de m'aimer, en colère de ma fuite soudaine et précipitée.

» —Belle Gabrielle, il en sera certes autrement, ou le roi ne vaudra pas être regretté ;

car le faux amour s'abat aux difficultés, et le vrai s'en augmente.

» —Je ne me doute pourquoi M. d'Estrées a exigé cette dangereuse épreuve.

» —Pour connaître à quel point tu es aimée du roi, car tu n'es pas de naissance et de valeur à inspirer un sentiment de courte durée; et pour faire une maîtresse d'aujourd'hui à demain, le Béarnais n'a qu'à la querir ailleurs.

» —Oh! vous dis-je, je suis de ma nature quasi insurmontable, et le roi, tout roi qu'il est, ne règnera dessus mon cœur qu'à bon escient.

» —N'as-tu rien octroyé à ce prince, qui est plus victorieux encore en galanterie qu'à la guerre?

» —Oui-dà! le baiser, et des promesses pour l'avenir.

» —Console-toi de ce petit souci, ma fille, j'ai bon augure de ton amour. »

Je menais de fait une vie chagrine à Paris, après avoir supporté à grand'peine les reproches de Henri et ses prières de revenir. Je sentis que l'expérience requise par mon père était toute à mon avantage, et m'y forçai par sagesse. Je m'aperçus que les lettres de Sa Majesté devenaient plus amoureuses, au contraire de se refroidir, et je sus bon gré à l'absence de tenir le feu sous la cendre. Nos correspondances n'étaient ni moins promptes ni plus difficiles ; car à cette époque Paris fourmillait de bons Politiques. Pendant ce temps fort long à s'écouler, je dressai vingt piéges pour attirer Zamet et ses dix-sept cent mille écus au parti du roi. Il tint bon par ces raisons : « Ma chère fille, attends que les royalistes viennent au-dessus de leur fortune, et je les seconderai de mes moyens. Mais à présent on ne sait qui l'emportera, ou des Seize, ou de Mayenne, ou du roi d'Espagne, ou du pape, ou de l'hérésie, ou du Navarrois ! Je suis trop vieux et trop ami du repos pour me jeter à la désespérade dans un parti quelconque. Quant à mes écus, ils sont les très humbles serviteurs du roi, qui m'en paiera l'intérêt sitôt qu'il pourra. » En sorte donc que ce bon Zamet transmit à Sa Majesté des secours d'argent mieux sonnant que celui de la reine d'Angleterre. Mon précédent séjour à Paris m'avait fait quelques amis et obligés que je fréquentai pour passer le temps, quand je n'avais de lettres à lire et à répondre. Du reste, je n'allais en aucune assemblée où fussent des femmes, crainte d'y trouver madame ou mademoiselle de Guise, que j'avais prises en grande aversion. Malgré ce, je ne pus me dérober à la vue de M. de Guise, horriblement camus et punais ; son nom l'était davantage à mon sens. Ce petit-fils d'un grand héros s'en faisait accroire et pensait que les dames se piquassent d'amour pour sa laide face. Je ne fus pas à l'abri de ses œillades, et si je l'eusse laissé faire, il m'aurait vengé de sa sœur la Guisarde et de Bellegarde. A mon objet il hantait l'hôtel de Zamet, et il me puait de le voir.

M. de Bassompierre était de ses plus courtisans, et en dépit de l'humeur ligueuse d'icelui, je m'amusais de ses boutades gasconnes et le faisais conter des faits du règne de Henri troisième. Comprendre son langage espagnolisé n'était pas chose aisée; mais il avait vu beaucoup de choses et savait davantage. Il commençait toutes ses histoires d'avant ou d'après ses amours avec mademoiselle d'Entragues, et voulut par ce beau commencement tenter mes bonnes grâces; mais je le rendis aussi camus que M. de Guise, par ces mots qu'il a toujours à cœur: «Monsieur de Bassompierre, vous avez assurément l'esprit préoccupé, car mademoiselle d'Entragues n'avait ni ma taille ni mon visage; le fils que vous avez eu d'elle serait en âge de me dire les belles paroles que vous me dites. Mais je veux demeurer demoiselle et n'avoir pas d'enfant, afin de n'être point en toutes vos histoires.» M. de Guise, qui n'avait pas la parole à la main, imitait tant bien que mal M. de Bassompierre à faire le conteur; mais la langue lui faillait au premier mot, et il demeurait en chemin, embrouillé dedans ses phrases. Pour obvier à ce vice d'éloquence, il apprit par cœur le récit de son évasion de Tours, qu'il faisait à tout venant, et pour ma part je l'entendis bien dix fois sans le moindre changement. Cette évasion, que l'on a rapportée de tant de sortes, est assez rare et subtile pour l'être selon la narration de M. de Guise, laquelle fut sans doute composée ou ornée par Bassompierre.

« Je ne vous remémorerai pas, disait-il, comment aux états de Blois mon honoré père étant traîtreusement et méchamment mis à mort par Valois et ses mignons, je fus arrêté en compagnie de feu M. le cardinal de Bourbon, de M. d'Elbœuf, de M. et madame de Nemours et d'autres, coupables d'avoir trop bien servi M. de Guise. Je fus mené au château d'Amboise, et plus tard en celui de Tours, sous la garde de M. de Rouvray, gouverneur de la ville. Mon martyre de deux années entières et partie de la troisième était d'autant plus rude que je perdais ma jeunesse à rien faire, tandis que M. de Mayenne, sans paix ni trève, entretenait la sainte Ligue au royaume de France contre le Béarnais et les fauteurs d'hérésie. Je maugréais jour et nuit d'être en de si bons murs de pierre à l'abri du vent et de la pluie. Mes petites espérances étant la dernière planche du naufrage, je m'y accrochai de toutes mes forces. Enfin au commencement d'août je fis un rêve où la très sainte Vierge, vêtue et radieuse ainsi que dans les images bénites, venait en ma prison me donner la main, si que barrières et portaux s'ouvraient pour mon passage; après quoi je la remerciais et elle me conduisait à l'église pour voir son office qui se faisait. Je fus mal content au réveil de perdre les biens que j'avais en songe; mais venant d'y repenser de plus près, j'expliquai cela de bon présage.

« Basanes, dis-je à mon grand page lui ayant conté le tout, la mère de Dieu ne m'est apparue pour rien, et sa fête de la Notre-Dame de la mi-août semble destinée à ma délivrance.

» — Ainsi soit-il ! » fit Basanes, qui, suivant sa coutume, dit ses patenôtres à cette intention.

« Donc ayant la foi en la protection de la Vierge immaculée, je fis tenir à M. de La Châtre, gouverneur d'Orléans pour la Ligue, un avis portant que le quinzième d'août, dans l'après-dînée, le baron de La Châtre son fils s'embusquât en un bois voisin de Tours, avec quelque cavalerie de gens choisis. Je le priais en outre, aux mêmes jour et heure, de faire avancer au plus près de la ville deux soldats et un genêt d'Espagne, le meilleur coureur possible.

Mes apprêts de fuite étant faits d'avance, à savoir, limé les barreaux d'une petite fenêtre de ma chambre regardant sur la Loire, je me mis en haleine à courir, sauter, voleter et m'exercer en la grande cour, à mes heures de promenade. M. de Rouvray et quatre soldats d'ordinaire me veillaient, et souvent prenaient part à mes sauts et jeux. Ces soldats, empêchés en leurs habits militaires et du poids de leurs armes, allaient l'amble et moi le galop; un surtout, gros pansart et bon réjoui, s'essoufflait à la course; et M. de Rouvray, de nature fort paresseuse, assis au soleil en un coin, ne nous suivait que des yeux, crainte de la fatigue. Le jour venu de la Notre-Dame, lorsque l'on chantait vêpres, les portes de la ville closes, suivant l'usage, je descendis, après avoir communié pour prendre des forces, dedans la cour du château, où Rouvray, faisant ses oraisons, me regarda jouer avec messieurs mes gardes, piqués de se voir vaincus. Basanes vint, qui me dit :

« Monseigneur, ces pauvres gens sont quasi sur les dents, car vous égalez un cerf en vitesse.

» — Je suis bien las aussi, et vais me reposer en ma chambre. Camarade, ajoutai-je à l'adresse du plus gros, je gage monter tout le degré à cloche-pied plus tôt que tu ne feras en courant.

» — J'offre de gager le contraire, monseigneur, et vous donne quatre marches à l'avance, à moins que pour m'arrêter tout soudain vous ne jetiez à terre des monnaies.

» — C'est moi qui veux tenir le pari, fit un autre se présentant.

» — Tête Dieu ! ce sera moi, reprit le premier.

» — Chacun son tour, dis-je, et celui qui demeurera en bas ne sera le plus mal partagé, en cas que je vide ma bourse. »

« Nous prîmes rang, et Basanes se plaça contre

la porte d'en haut pour faire un signal. Je clochetai du pied pendant cinq ou six degrés ; après quoi, épandant une vingtaine d'écus au soleil, je franchis les montées comme au vol un oiseau. Eux, au son de l'or, se ruèrent pour le ramasser, et chacun se débattant avec coups et cris, ils me laissèrent le loisir de fermer deux portes de chêne renforcées de clous. Puis Basanes me mit à la ceinture un poignard, en disant : « Mon maître, n'en usez qu'aux extrémités. » Et il se coula le long d'une corde attachée à la fenêtre. Je n'attendis point qu'il fût en bas pour faire de même, et j'arrivai sur la grève presque en même temps, chausses rompues et les mains déchirées. J'entendis au dedans du château mes gardes qui criaient : « Holà ! notre prisonnier s'est évadé ! » et brisaient les portes. « Basanes, mon fils, m'écriai-je, il faut jouer des jambes et ne point regarder en arrière. Vite, à la grâce de Dieu ! » J'étais bien appris à la course, et je n'épargnai mes pas au bord de l'eau ; mais Basanes demeurait loin derrière moi : « Mon maître, dis-je à un manant qui menait abreuver un cheval de charrue, livre ta bête à ce gentilhomme qui vient, je te renverrai le cheval chargé de doublons; autrement gare à ma lame. » Le manant quitta la selle et partit de là comme s'il eût vu le diable. « Basanes, criai-je de loin, voilà de quoi te prêter des jambes; à cheval, et hâte-toi. » Avant sa réponse, j'avais des ailes aux pieds, et deux ou trois arquebusades qu'on me tira du château n'effrayèrent que les corbeaux. Les deux soldats de M. de La Châtre étaient au rendez-vous avec le genêt, qui me vint bien à point, et je me lançai comme une flèche empennée vers l'endroit où le baron de La Châtre me reçut tout en pleurs de joie : « Par mes trois merlettes ! messieurs, dis-je aux cavaliers, un bon ligueur est ennemi de la prison, de même que l'épée de sa gaîne. J'ai du temps perdu à réparer, et la traîtreuse mort de mon père à venger par le sang ! » Basanes parut, pendu à la queue de ce méchant cheval, qui, blessé d'un coup d'arquebuse, avait pris le mors aux dents et désarçonné son cavalier. « Messieurs, dis-je accolant Basanes, honneur à qui m'a sauvé sans canons et sans armée. M. de Mayenne mon oncle n'en eût pas fait autant. » Aussitôt j'allai à Orléans, où mon évasion fut célébrée non moins qu'à Paris. J'eus soin d'en faire avertir d'abord le roi de Navarre, par courtoisie, afin qu'il eût à fixer de ses deux mains la couronne dessus son chef. »

Cependant Sa Majesté me sollicitait de venir à Mantes, nonobstant les volontés de mon père; et, pour vrai, je résistais à contre-cœur. L'évènement me contraignit de demeurer plus que je ne voulais. La faction des Seize, vendue aux Espagnols et mise en branle par eux, se bandait contre Mayenne et le parlement, qui avaient à cœur la Ligue et non l'Espagne. Cette faction séditieuse et formée de hardis scélérats, méditait de se saisir du gouvernement de Paris et de le rendre plutôt aux étrangers qu'à Mayenne. Que sais-je ? ces insensés avaient demandé la main de l'infante au profit du jeune duc de Guise, qu'ils eussent planté roi de France. La tyrannie qu'ils menaient dedans Paris faisait plus de Politiques que de ligueurs, et Bussy-Leclerc, impuni en sa Bastille, extorquait des sommes, de l'argenterie et des bijoux, jusqu'à mettre en coffre cinq ou six millions. Ce Procuste, pour plaire à sa femme, curieuse d'une bague de quinze mille écus qu'avait en dépôt M. de Fayolles, chanoine de la Sainte-Chapelle, emprisonna ce saint homme tant qu'il n'eut pas cédé ladite bague en rançon. Cette iniquité, connue de M. le président Brisson et des conseillers Tardif et Larcher, tous hommes probes et loyaux, ils osèrent instruire de cette affaire, qu'ils eussent conduite à bout si Bussy n'avait de peur rendu gorge. A ces causes, il jura mort à ses juges, et exécuta, comme je dirai, son furieux dessein, les Seize aidant.

La mort du pape Grégoire XIV, si chaud fauteur de la Ligue, causa moins de joie aux royaux que de deuil aux Seize, qui appréhendaient l'élection d'un pape royaliste. Ils prirent la mouche à l'occasion du petit Brigard, procureur de l'Hôtel-de-Ville, lequel, arrêté et accusé d'intelligence avec le Béarnais, fut absous par le parlement contre le sentiment des Seize. Ceux-ci, qui détestaient le petit Brigard à cause de sa modération et de sa timidité, ne supportèrent point qu'on lui donnât le large au lieu d'un étroit collier de chanvre. Depuis le premier novembre jusqu'au quinzième, des conciliabules secrets et des conférences eurent lieu chez les sieurs Boursier, Pelletier, La Bruyère, Launay, et ailleurs. Là le vin et les prédicateurs ayant animé les esprits, des menaces et blasphèmes on en vint à l'exécution. Bussy-Leclerc, la vengeance en tête, se garda de paraître parmi ces menées avant que tout fût en émoi, les haines aiguisées, comme aussi les couteaux. Alors il se fit le capitaine et l'arbitre; mais, entre les Seize rencontrant des obstacles et opposants, il eut soin que, pour agir au nom de tous, un conseil de Dix fût élu par bulletage, et dirigea si bien la chance qu'elle tomba dessus des gens à sa dévotion, tous infâmes qui eussent crucifié Jésus-Christ au lieu des Juifs, la plupart de métier, et desquels je n'ai vu que l'avocat Ameline trimballant par les rues de Paris, vêtu d'un roquet noir avec une grande croix rouge au dos, ce qui le faisait fort considérer des gueux et guenaux. Plusieurs fois, en plein jour, traversant les rues de la Vieille-Monnaie et de Saint-Eustache, ou le cloître Notre-Dame, j'aperçus devant certaines maisons des gens à tas écoutant, pérorant, et en attente. Je parlai à Zamet de ces tourbes de monde.

« Saint Janvier ! dit-il, je n'augure rien de bon ; un des Seize, qui s'est retiré des assemblées, m'a confessé qu'il se tramait quelque chose contre la cour du parlement, et qu'on ferait des robes rouges.

» — La compagnie des Seize est donc bien rancunière et turbulente ?

» — Elle aura raison de Mayenne, qui a mis à néant le conseil des Quarante, ou bien périra en ses entreprises.

» — Vraiment, mon cher Bastien, vous seriez mieux en sûreté au parti du roi.

» — Oui, si les Seize triomphent, car ils sont

unis par serment pour la ruine des nobles et des riches.

» — Ils n'ont pas, Dieu merci! commencé ce vilain jeu

» — Hélas! si Mayenne tarde à faire justice de ces hommes de proie, la ville de Paris deviendra espagnole. »

L'avenir était gros des plus déplorables faits; ce fut à quoi aboutirent ces conseils tenus de nuit, au su de tous, tantôt chez l'un et tantôt chez l'autre. Le quatorzième de novembre, M. le président Brisson vint en son carrosse dîner chez Zamet, qui le fréquentait d'amitié depuis le gain d'un sien procès. M. Brisson, comme le représentent les beaux portraits qu'on en a faits, était un très digne vieillard, petit de stature, mais grand de renommée. Les louanges octroyées à sa mémoire vivront par-delà les siècles. Il n'avait pas son égal en érudition, science et justice, comme le témoignent ses livres et sa conduite. On l'a repris seulement d'avarice et de sévérité ; ses tueurs même n'ont point trouvé à reprendre autre chose en toute sa vie. Il était bon catholique, et pourtant dévoué à Sa Majesté, quoique contraint au service de la Ligue. C'est pourquoi cet illustre président se réjouissait d'avoir en ma personne à qui parler du roi, son seigneur et maître après Dieu, disait-il. Je ne sentais pas un moindre plaisir à traiter de ce sujet, et je n'omettais à rapporter une petite parole du roi, tellement que M. Brisson me disait : « N'arrêtez pas, madame ; je n'ai vu meilleur avocat d'une meilleure cause. » Les faits et gestes, paroles et apophthegmes que je citais à loisir l'eussent fait pâmer d'admiration, et souvent il s'écriait : « Dites, madame ; César, Caton et Lycurgue n'ont pas mieux agi et parlé. » Je pleurais de le voir pleurer. La dernière fois que je le vis au dîner, il était en belle humeur, et ne cessait pas de répéter : « Madame, dites-nous des nouvelles de ce phénix des rois, et ne nous faites tort d'un ventresaintgris ! » Zamet changea l'entretien de gai en triste pour parler des troubles mus par les Seize.

« Le parlement, dit M. Brisson, n'aurait la

force qu'il faut pour dompter les rebelles; mais j'ai écrit à M. le duc de Mayenne qu'il ait à garder Paris d'une guerre civile et des massacres, comme il s'en est agi des Cabochiens sous le roi Jean.

» — Mais ne redoutez-vous une méchante entreprise sur vous, qui avez instruit le procès de Brigard?

» — Je ne m'en soucie, puisque j'ai fait mon devoir. Brigard avait écrit à son oncle, qui est du parti royaliste; mais sa lettre, surprise dedans une bouteille, fait foi de son innocence.

» — Si j'étais que de vous, repartis-je, pour moins de péril j'aurais une escorte de soldats, la mèche allumée.

» — Qui n'a peur de sa conscience n'a peur de rien.

» — Monsieur, dit Bastien, fils de Zamet, hier à la messe de Notre-Dame j'ai ouï dire à M. Sanguin, le chanoine, parlant au père Aubin Blondel...

» — Qui est-ce que cet Aubin Blondel? s'enquit le président.

» — Un pauvre prêtre, ligueur espagnolisé, de son état confessant les Politiques que l'on mène pendre.

» — Sainte Madone! s'écria Zamet, que disait-il à icelui?

» — Qu'il se tînt en mesure de faire son office le quinzième, qui est jour de parlement; que l'exécution aurait lieu aux prisons du Petit-Châtelet, et possible en place de Grève.

» — L'enfant a mal compris et entendu, reprit M. Brisson: le quinzième on ne fera aucun supplice, et d'ailleurs la justice ne se pratique point à huis clos dedans une prison.

» — Le chanoine Sanguin, fit Zamet, est un prédicateur des Seize, et propre à forfaire. Il y a quelque menée en train, et plaise à Dieu que l'issue ne soit malencontreuse aux honnêtes gens!

» — Monsieur le président, dit Périnet du haut bout de la table, la mort de César fut prédite par des signes célestes: les fleuves parurent en sang, la terre trembla, le soleil voila sa face, et toutes choses effrayantes, comme inusitées.

» — Sauriez-vous dire, interrompit le président, les beaux vers de Virgile et d'Ovide sur cette matière ?

» — Non, reprit Périnet; mais par cette comparaison j'infère qu'aux morts des grands personnages les éléments et les astres présagent ces infortunes inouïes, chose visible aux yeux des savants.

» — Les astres sont-ils si mauvais? demanda Zamet mal à son aise.

» — Il est des taches au soleil, répondit Périnet, et cette nuit la lune avait couleur de sang.

» — Qui pensez-vous qui doive mourir? dit M. Brisson.

» — Plusieurs, et des plus hauts en mérite, repartit Périnet avec un singulier regard au président.

» — Pourvu, m'écriai-je, que ce ne soit aucun de nos amis ! »

Périnet garda le silence, et mit en croix sa cuillère et son couteau.

» — Selon mainte apparence, dit en riant M. Brisson, ce serait moi la victime, et les Seize seraient les bourreaux ?

» — Non, interrompis-je, les assassins laissent en paix les juges, parceque des juges il y en a toujours.

» — Avez-vous quelque indice ? reprit Zamet; en ce cas je vous encourage à vous prémunir contre les embûches.

» — Hier, dit M. Brisson, un soldat nommé l'Évêque, pour tirer un peu d'argent de ma bourse, sans doute, m'a fait avertir par le procureur Merquant que j'eusse à me tenir en garde, d'autant que les Seize avaient soif de mon vieux sang.

» — Comment ! m'exclamai-je, votre prudence ne vous somme pas d'avoir égard à cet avertissement, venu peut-être du ciel même ?

» — J'ai fait offrir quelque monnaie à ce soldat, qui n'a voulu la prendre; et je vous jure que cette nuit je dormis aussi paisible que jamais.

» — Qui querre le péril le trouvera, fit Périnet répandant le sel, et l'esprit de vertige aveugle les condamnés par le destin.

» — De plus, continua M. Brisson, ce matin, à l'audience, M. l'abbé de Sainte-Geneviève, qui est de mes amis, m'est venu conter en grand effroi que la femme d'un Seize, en sa confession, l'avait prévenu d'une entreprise sur ma vie.

» — Par tous les saints et saintes ! se récria Zamet, l'avis est à considérer, monsieur le président ; et qu'avez-vous résolu ?

» — Rien, sinon d'être et de paraître comme devant, dispos à mourir, et soumis à la volonté de Dieu.

» — Monsieur Brisson, dit Périnet, vous feriez sagement de passer au parlement de Tours, sans attendre à demain.

» — Or çà, reprit le président, revenons à notre premier propos touchant notre bon roi de France et de Navarre. »

Zamet, qui poursuivait encore de menus procès par-devant le parlement, l'un entre autres contre Bussy-Leclerc, j'ai oublié pourquoi, prit heure pour le lendemain en conférer avec le président Brisson. Donc le jour venu, ses domestiques l'avertirent que les Seize dès le matin avaient fait quelque entreprise sur des magistrats, et qu'aux environs du Châtelet tout était en rumeur et perturbation. Néanmoins sans tenir compte de cet avertissement et sans prévoir aucun malheur, il s'en alla droit au rendez-vous et ne revint que dans l'après-dîner, pâle et demi mort.

« Bastien, m'écriai-je, mon ami, quel grand désespoir vous prend? avez-vous de tristes nouvelles de messieurs vos frères qui sont en Italie?

» — Las! las! répondit-il fondant en larmes, j'ai vu mourir ce grand homme d'une indigne manière.

» — Qui est-ce qui est mort si misérablement? le roi ou M. de Bellegarde?

» — Ma fille, prions Dieu pour les âmes de M. le président Brisson et des conseillers Tardif et Larcher.

» — Par mon saint ange gardien! s'il nous eût écoutés hier, il vivrait encore!

» — Les meurtriers seront punis de leur méchanceté! Ce matin, comme vous savez, je sortis pour aller au Palais, où M. Brisson devait m'attendre ; en route je fus pressé par la populace de tous les gueux et mendiants de la ville, criant : «A sac le parlement! à la hart les juges!» Je pensai que ces factieux étaient ameutés par les Seize, et ne me trompais pas. A la hauteur du Petit-Châtelet la presse devint si grande, qu'il me fut impossible d'aller plus outre. Voyant des gardes espagnols et des bourgeois armés, je m'enquis de ce qui se passait :

«Les gens du parlement, me dit un homme des métiers, sont accusés d'une insigne trahison, tendant à livrer Paris au Navarrois.

» — Ces juges maudits, ajouta un maître gueux, qui en ont tant fait pendre qu'il n'y a plus de corde en France, puisse-t-on les pendre avec leurs sacs à procès!

» — Il y a grand tumulte au dedans des prisons, repartis-je.

» — Par le grand Coire! s'écria un autre au cou tors comme s'il eût déjà été pendu, la joie est grande en tout Jérusalem! les prisonniers vont manger le cœur des juges et hommes noirs, sergents et procureurs.

» — Ce sera le monde à l'envers, dit un autre, les voleurs jugeront les juges.

» — Pourvu qu'ils ne laissent évader, ajouta une femme, ce diable incarné de président Brisson, qui a fait de mes deux fils la curée des corbeaux de la Grève. »

» Au nom du président mon sang se figea en mes veines et ma vue devint trouble; je ne m'informai davantage, et des pieds et des mains je me fis passage jusqu'aux portes du Petit-Châtelet, bien close et bien gardée; la retraite m'étant fermée, je recommandai mon salut à Dieu, et m'adressant à Cocheri, le plus enragé des Seize, qui faisait sentinelle à l'entrée :

« Compère, dis-je, ne pourrai-je avoir audience de M. le président Brisson ?

» — A votre aise, seigneur Zamet, car vous êtes des nôtres.

» — Où le rencontrerai-je à cette heure ?

» — En la chambre du conseil; mais il est

grand temps de lui parler si vous en avez fantaisie; car sa confession ne sera pas longue. »

» Je restai ébahi au sens de ces paroles, et, sans répondre, pénétrai dans l'intérieur, qui foisonnait de soldats et de Seize, de prêtres et de gens de Sorbonne. Je marchais comme un homme ivre, sans voir ni entendre, quand un vigoureux coup dessus mon épaule, accompagné d'un éclat de rire, m'éveilla quasi en sursaut.

« Par saint Brise-Acier! cria Bussy-Leclerc, que venez-vous faire céans, seigneur Zamet?

» — Voir M. le président Brisson au sujet de notre procès.

» — C'est un peu tôt ou un peu tard, mon maître, et m'est avis qu'il ne déserrera les dents.

» — Le bruit court que vous avez porté la main sur ce grand homme, mais je n'ai voulu le croire.

» — De fait, la chose est incroyable, j'en réfère à vos yeux pour connaître le haut et le court. »

»La sueur me coulait froide des membres, et je suivis le gouverneur de la Bastille sans autre question. Entrant dedans la grand'chambre du conseil, où étaient pêle-mêle les principaux des Seize, le drapier Legoix, l'avocat Ameline, le procureur Louchard, les prédicateurs Boucher et Pelletier, je saluai d'abord tout le monde.

« Ce n'est pas lui ! dirent plusieurs voix à mes oreilles.

» — Messieurs, reprit un quidam qui à son chaperon rouge me sembla un bourreau, lorsque viendra celui-là que je dois élever, vous m'avertirez, d'autant que je n'ai onc vu M. le conseiller Tardif.

» — Il est vraiment tardif, et cette fois c'est à son profit, repartit en riant maître Louchard.

» — Je n'ai guère fait attendre Roseau et sa corde, se récria Choulier, lieutenant du prevôt de la sainte Union, et grâce à mon zèle le vieux Larcher a rendu l'âme de compagnie avec son président.

» — Remercie humblement ta bonne chance

qui t'a fait happer M. le conseiller dedans la cour du Palais. »

» A ces mots de l'avocat Ameline, Bussy-Leclerc me montra de l'index la fenêtre, et je fus près d'entrer en pamoison voyant pendus vis-à-vis le président Brisson et le conseiller Larcher, qui faisaient laide grimace. Je m'assis sur un banc et pleurai en abondance.

« N'est-ce point un Politique, crièrent aucuns, lequel se dépite au lieu de se réjouir?

» — Sang de royaux! reprit Louchard, il le faut accrocher à droite du président, comme le bon larron à la Passion.

» — J'ai plus d'une aune de corde à employer, dit le bourreau, et je ne serai embarrassé de vendre un corps en surplus.

» — Pas de méprise, mes frères, repartit Bussy; le seigneur Zamet, ci-présent, est de mes amis, et partant de la Ligue; c'est un gros partisan qui a des écus de quoi semer les rues et le Pré-aux-Clercs.

» — En ce cas, dit Émonot, je réclame de lui

cinq cents livres pour dresser de beaux écriteaux à nos condamnés.

» — Je ne demande que soixante écus, ajouta le gros Anroux, de quoi boire à la santé des défunts.

» — Vous serez contents, dit Bussy-Leclerc pour terminer ces aumônes ; mais par le fil de mon épée, je défendrai du pillage mon hôte et ami, si franc ligueur qu'il larmoie faute de ne voir pas tout le parlement à la même potence.

» — Messire Bussy, cria le bourreau, ces gens de loi ne sont plus malaisés à pendre que des voleurs ou bohémiens.

» — Mon petit seigneur, fit tout bas Bussy-Leclerc, le péril dont je vous ai sorti vaut bien dix mille écus, et vous m'en êtes débiteur.

» — Volontiers quand je serai hors de ces lieux et d'un si pitoyable spectacle.

» Bussy par avarice m'allait remmener ; mais dehors, des clameurs forcenés : « Le voilà ! » occupèrent tous les esprits. Les issues s'emplirent de gens en armes, et le curé Hamilton arriva conduisant le conseiller Tardif mi vêtu, moins blême et débile de frayeur que d'avoir été saigné la veille : « Par la croix de mon Sauveur ! murmura le vénérable moribond, mains jointes et l'œil tourné vers ces deux corps inanimés, la lumière de la judicature est éteinte ! les Juifs l'ont crucifié ! malédiction sur les tueurs. » Il n'acheva point ses lamentations, et perdit les sens.

« Ce pleurart, dit l'Écossais Hamilton, était au lit d'où nous l'avons tiré, et de malade qu'il est, nous allons le guérir sans médecin.

» — Il n'a ni voix ni mouvement, remarqua le confesseur, et je suis bien empêché de faire mon office.

» — Sur ma lame ! dit Bussy-Leclerc, mon ami Roseau n'a qu'à remplacer le confesseur ; ce vendeur de justice n'en ira que mieux en enfer. » La fuite m'étant ravie, je portai mes deux mains à mes yeux, pour du moins les clore à ce supplice lamentable, et je fis les prières des agonisants à part moi. Un rire de frénésie éclata tout à l'entour, et relevant la tête, je poussai un faible cri qui seulement de Bussy fut entendu :

« Silence ! monsieur mon maître, dit-il à mi-voix, si ces messieurs vous condamnaient à mort, vos dix-sept cent mille écus ne vous sauveraient point.

» — Messieurs, s'écria le bourreau, à quand me sera-t-il loisible de vendre ces cadavres aux parents ?

» — Après qu'ils auront fait la montre à Montfaucon ou à la Grève. »

» Ces assassinats me firent comme insensé, tellement que Bussy, par amour des dix mille écus, m'ayant conduit en une chambre voisine, je m'évanouis, et il me laissa sous clef jusqu'à ce que la connaissance me revînt.

« Çà, seigneur Zamet, dit-il, je requiers votre promesse, et moyennant dix mille écus je vous tiens quitte du reste. »

» Je suis de précaution, et j'avais en poche ladite somme en diamants et pierreries, que je sais plaire moult à la femme de Bussy.

« Voyez, dis-je, pour être plus tôt libre de sa

sauvegarde, ceci vous semble-t-il de poids, quoique le coin du roi n'y soit point.

» — Quittance faite, monsieur mon maître, allez en sûreté; et s'il vous arrive quelque mésaventure, réclamez-vous de Bussy-Leclerc, ami de vos espèces sonnantes. »

» Je m'éloignai en toute hâte, et partout où je passai, je pensais être suivi à la piste par le bourreau, licol en main; car à la place de Grève je vis ledit Jean Roseau ordonnant la plantation de trois potences plus hautes que ne fut celle d'Aman. »

Le récit achevé, Zamet recommença ses larmes et ses maudissons contre la Ligue. Je ne m'efforçai point pour l'imiter; mais avec des plaintes de toute sorte, je regrettai d'être venue en cette ville abandonnée de Dieu.

« Bastien, dis-je par reconfort, je jure Dieu que demain je ne serai point de séjour à Paris.

» — C'est une folle idée, ma chère fille, et à ce départ vous courez des périls plus que je ne peux dire.

» — Non, vous ne ferez ni par prière ni par avis que ma résolution soit révoquée.

» — Patientez plutôt jusqu'à l'arrivée de Mayenne, qui est en chemin pour châtier les factieux.

» — Vous parlez en vain, mon cher Bastien; et pour me faire demeurer il me faudrait lier de gros nœuds.

» — Je ne vous retiendrai, ma mie, contre votre bon plaisir; mais j'en ai l'âme fort contristée.

» — Je départirai en carrosse vers la minuit, seule avec Périnet; mes domestiques me joindront à Mantes où je vais.

» — Je vous dissuade, ma belle, de passer par la porte Saint-Denis ou toute autre dont les Seize se soient saisis; mais un de mes obligés est chef à la porte Saint-Jacques, et de ce côté vous n'éprouverez nul obstacle.

» — Périnet, mon fils, quel parti suivre?»

A cette interrogation, Périnet, qui pendant le déplorable récit de Zamet n'avait proféré une parole, mais de son bâton magique traçait des lignes aux cendres du foyer, dressa les oreilles et dit : *A Mantes !* J'entendis l'équivoque à mon égard, et fis un grand merci. Donc, ma départie résolue, j'employai le reste du temps à mes adieux.

« Mon bien cher Bastien, dis-je à Zamet, s'il vous vient quelque remords de n'être pas du parti royaliste, recommandez-vous de moi pour être dignement accueilli.

» — Je prévois, ma Gabrielle, qu'à ton exemple, je prêterai serment à Sa Majesté, et m'aide Dieu pour concilier Mayenne avec ledit roi !

» — Le roi, quoi qu'il advienne, est votre débiteur des sommes que vous lui fîtes tenir en mon nom.

» — Ce n'est rien que cela, et en ces temps de misères il m'offenserait de ne point recourir à une bourse enflée encore des bontés de son prédécesseur.

» — Non, le roi ne voudra pour aucun prix faire honneur aux offres généreuses d'un ligueur, et préférera encore avoir des trous à son pourpoint.

» — Ma fille, assure-le de mes respects et dévouement.

» — Monsieur Zamet, dit Périnet, heureux le roi qui a tel sujet, heureux le sujet qui a tel roi ! Or conservez ce siége, où se posera ce grand roi.

» — Je me fie à ton horoscope, et pas un ne s'assiéra en cette place sinon Sa Majesté, et ma maison sera bénie du jour qu'il y entrera.

» — Ce sera quand le soleil entrera en la maison de Mars. »

Zamet me précautionna d'un écrit pour le capitaine de la porte Saint-Jacques, et vers les dix heures je montai en carrosse avec Périnet, après nos adieux faits et parfaits. La route ne fut troublée qu'aux approches de la place de Grève, par un bruit confus de pas et de voix. Périnet dit le premier :

« Qu'est-ce que ce tumulte ? Les compagnies du guêt ne mènent tels murmures ?

» — Sont-ce pas, repris-je, les âmes en peine des défunts qui se lamentent?

» — Par les signes d'alpha et d'oméga! on cuiderait que mon aïeul Périnet Leclerc a ouvert de nouveau les portes aux Bourguignons. »

Étant sur la place de Grève, je fermai les yeux pour ne point aviser les trois potences érigées devant l'Hôtel-de-Ville; mais une clarté subite me les fit rouvrir.

« Ce ne sont point les feux de la Saint-Jean, m'écriai-je, qui flamboient et s'effacent.

» — Non, repartit Périnet, ma chère dame; ne soufflez mot et ne perdez contenance: voici une multitude venant à nous avec des lanternes sourdes.

» — Ce sont les Seize qui ont mis à mort le président Brisson! »

Ce disant, je chus toute pâmée dans le carrosse. Périnet, comme il me l'a conté, étendit son manteau dessus moi et regarda par la portière. Ce cortége de gens arrêta le carrosse, et aucuns firent ce cri: « Il n'est que d'un Politique de déranger notre procession!

» — Mes amis, dit Périnet, la journée a été bonne pour la sainte Union.

» — Par le bienheureux Jacques Clément ! nous n'avons fait qu'une Passion au lieu d'un massacre des Innocents.

» — Où allez-vous ? dit l'avocat Ameline qui marchait en avant.

» — Chez M. l'ambassadeur d'Espagne, répondit Périnet, lui donner avis des nouvelles fraîches de Rome.

» — Le pape est-il élu ? repartit un prédicateur.

» — Oui-dà ! dit Périnet, Innocent IX, le plus ligueur des papes.

» — Pour échange de ta bonne nouvelle, reprit l'avocat Ameline, fais assavoir à M. l'ambassadeur comme quoi nous servons le roi d'Espagne ! »

A son commandement, force lanternes sourdes firent une éclatante lumière et montrèrent plus de deux mille personnes la face voilée dans le manteau, armées de hallebardes, d'arquebuses et d'épées.

« Monseigneur, dit le bourreau, considérez, s'il vous plaît, les reliques de nos ennemis! »

Après quoi, maître Jean Roseau fit approcher contre la portière du carrosse trois crocheteurs portant à dos les trois cadavres nus en chemise, debout, et ayant des écriteaux dessus la poitrine. « Lisez nos pancartes, cria Émonot; le style est sorbonnien et de bonne rhétorique. »

Périnet lut mal à son aise et tout haut :

« *Barnabé Brisson, l'un des chefs des traîtres et hérétiques; Claude Larcher, l'un des fauteurs des traîtres et hérétiques; Claude Tardif, l'un des ennemis de Dieu et des princes catholiques.*

La joie d'ouïr ces infamies se répandit en rires féroces; et, en son délire, l'avocat Ameline fit une grande blessure au cadavre du président Brisson. «Vive le pape Innocent! cria-t-il; vive l'Union espagnole! »

Périnet m'a dit que le diable en enfer et les Seize en cette cérémonie, c'était même chose.

« Maintenant, dit un de ces meurtriers, nous allons pendre ces charognes au nom de la ville de Paris, du roi d'Espagne et de Sa Sainteté.

» — On en pendra d'autres sous peu, et à leur damnation éternelle! » répondit Périnet.

Ils n'arrêtèrent pas davantage, et s'en allèrent aux potences. Le cocher toucha, et quand nous fûmes hors de danger, Périnet m'appela doucement par mon nom.

« Ah! dis-je comme au sortir d'un long somme, j'ai songé de vilaines choses.

» — Madame, vous arriverez à Mantes devant le jour, et ce sera tant mieux, pour ne pas voir la place de Grève ornée des victimes, puis après des bourreaux. »

Je n'eus point lieu de me plaindre de ma départie que suivit ma haute fortune.

Je ne range point en mon sujet les vengeances que tira M. de Mayenne de l'assassinat du président Brisson et des deux conseillers, malgré que Zamet m'en ait écrit le détail. C'est assez et trop de cette horrible tragédie, et je reviens de meilleur cœur à mes amours qui duraient depuis une année environ sans avoir pris fin, j'entends parler du point où visent tous les amours, les plus vulgaires et les plus élevés. Ce point maintefois fut bien fait pour éteindre une flamme ; mais la nôtre s'en aviva. N'est-elle pas aussi belle et brillante, sire, qu'elle ne fut à son origine? La matière que je vais traiter est délicate à manier, et j'aurai pudeur de dire les particularités de la défaite comme j'ai fait de ma résistance. Puissiez-vous, mon non trop cher Henri, avoir la mémoire aussi présente que je l'ai de ce qui arriva la nuit de Noël, ainsi que Périnet l'avait prédit dessus mon livre d'Heures.

Les prophéties de Périnet s'accomplirent en tout lieu, l'élection du pape Innocent IX fut connue peu après, et réjouit la Ligue autant que le roi en fut marri, M. de Mayenne, au bruit des meurtres commis par les Seize à Paris, jura par son ventre de tenir la main ferme une fois en sa vie. Donc il vint en armes s'établir au Louvre, fit bonne mine aux Seize, invita les principaux à sa table, et le lendemain, de sa privée autorité, en condamna neuf à mort.

dont cinq avertis à temps s'enfuirent de France. Émonot, Ameline, Louchard et Anroux furent pendus à une poutre d'une salle basse du Louvre. Bussy-Leclerc eut la vie sauve au prix de ses grands trésors; et par châtiment de sa cupidité, de gouverneur de la Bastille qu'il était, redevint comme devant tireur d'armes à Bruxelles, où sa femme fut marchande d'herbes: « Vive Dieu! m'écrivait Zamet, onc je n'en- » viai le malheur de personne au monde, et sans » pécher je me réjouis de savoir que Bussy-Le- » clerc est tombé si bas du haut de sa Bastille. Il » aura en battant du fer le loisir de la pénitence. » Enfin la mort du président Brisson, certainement irréparable, ne profita guère à ses auteurs, qui furent tous exécutés ou bannis avant ou après la réduction de Paris. — Le sang paya le sang, et pour témoigner de l'ire céleste, furent pendus semblablement le sergent qui l'avait arrêté, ce grand homme, le prêtre qui l'avait confessé, et le bourreau qui l'avait mis à mort!

CHAPITRE VI.

Arrivée à Mantes. — Souvenez-vous-en. — M. de Cheverny en chemise. — Le temps jadis. — Victoire de Cerisolles. — Anne de Boulen. — La belle Féronnière. — Seconde grossesse de Madame de Brancas, et l'Immaculée Conception. — L'amour et l'honneur. — Le chapeau de médecin. — Mensonge officieux. — Le médecin du peuple. — La vérité touchant le chapeau. — Souhait d'un roi. — Chagrin d'Henri IV. — Le pouvoir de l'amour. — La maîtresse du roi. — Madame de Nevers. — Les pages et madame de Châteaupers. — M. de Longueville rival d'Henri IV. — Déclaration épistolaire. — Mauvais procédé. — Petite vengeance. — La veille de Noel. — L'amour et la dévotion. — Excommunication lancée par Périnet. — Les Centuries de Nostradamus. — Mars et Vénus. — Dernier effort de pudeur. — Le calviniste en défaut. — Le chancelier et les *sots*. — Maître Ennui. — Projets pour la messe nocturne de Noel. — Clément Marot et Marguerite de Navarre. — L'autre reine Marguerite et Coconnas. — Gabrielle aux abois. — L'amour du temps jadis. — Fleurette. — La mémoire chronologique de M. de Cheverny. — Aventure de la jeunesse d'Henri IV. — Le précepteur La Gaucherie. — Les filles d'honneur de la reine-mère. — Le château de Nérac. — *Plaisirs de la vie rustique.* — Quatrains de Guy-Faur de Pibrac. — Henri à la course. — Les glissades. — La fille du jardinier. — Un premier amour. — Le pédagogue. — Seconde entrevue. — Serment terrible. — Deux amants. — Funeste épreuve. — Tentative de suicide. — Henri sauvé. — Épanchement de tendresse. — Le lendemain. — La rose. — Rêver d'eau bourbeuse. — Pressentiment. — Adieu pour toujours. — La morale en quatrains. — La fièvre et le délire. — Un mal pour un bien. — Pauvre Fleurette. — Un avis du ciel. — Fleurette noyée. — Le ciel et la terre. — Différentes impressions. — Le châtiment de La Gaucherie. — Gabrielle et Fleurette. — Noel! Noel!

———

Il n'y avait pas une pointe de jour à l'orient quand, moitié endormie, j'arrivai en la ville de Mantes, où je ne pensais pas trouver le roi à cause du siége de Rouen qui se faisait malgré l'hiver. Les évènements du jour et de la nuit m'avaient gâté le teint et enflé les yeux ; j'étais accoutrée comme on est en voyage, mal en point et la robe dégrafée ; je n'aspirais qu'à me mettre au lit et dormir tout d'une traite jusqu'à midi. Dans l'instant que le carrosse s'arrêta par devant l'hôtel de madame de Sourdis, Périnet dit tout bas, comme parlant à soi-même :

« La Noel prochaine est le jour préfix, et rien n'aboutira plus tôt ni plus tard.

» — Quelle litanie, mon fils, mâches-tu en tes dents ?

» — Madame, n'oubliez de voir chaque matin le saint ou la fête du jour au calendrier de votre livre d'Heures, et vous verrez l'effet de ma prédiction.

» — Sainte Astrée! je suis aise que tu m'enseignes le mystère contenu en ce G marié à la lettre H, le propre jour de la nativité de Notre Seigneur! »

Ma tante de Sourdis, avertie de ma venue, sauta hors du lit et s'en vint à ma rencontre avec son chancelier en coiffure de nuit et les chausses détachées. Il était en si comique état que je ne me retins pas d'éclater avec redoublement de gaieté à son air grave et impassible.

«Monsieur de Cheverny, dis-je, avez-vous vêtu le costume de votre charge pour me recevoir?

» — Madame, répondit-il, empressement fait excuse; ainsi en l'année 1544, ayant su la nouvelle de la victoire de Cerisolles gagnée par M. le duc d'Enghein, je ne pris le loisir d'achever ma barbe commencée, et un côté ras, l'autre point, je courus à l'audience de Sa Majesté, qui me complimenta de mon zèle.

» — Votre zèle eût paru davantage, reprit madame de Sourdis, en cas que vous fussiez en chemise et les jambes nues.

» — Au demeurant, fis-je, M. le chancelier me pourrait adresser même reproche, de me montrer si défaite et mal idoine, au lieu d'être cointe et attifée.

» — Çà, de bonne foi, ma chère reine, je vous prierais de vous moins contraindre avec vos amis, et de venir à nous en chemisette, comme fit, m'a conté mon honoré père, madame Anne de Boulen au temps qu'elle séjourna en notre cour, vers l'année 1515 environ....

» — Fi! coupa court madame de Sourdis; abstenez-vous, pour l'honneur des dames, de rappeler ces vilenies fort malséantes en ce temps-ci, où la réformation s'est faite en les termes, sinon quant aux faits.

» — Madame ma tante, dis-je, votre sévérité est grande et intempestive d'empêcher que M. de Cheverny joue de la langue en toute joyeuseté; mais à demain, s'il lui plaît, car je serais mieux en un lit bien chaud.

» — Madame, reprit le chancelier, je vous offrirai le modèle de madame de Valentinois, laquelle, après une absence d'un petit jour, n'eût pas dormi, bu et mangé devant que d'avoir baisé son ami le roi Henri II, qui ne valait point Sa Majesté régnante, quatrième du nom.

» — Oh! m'écriai-je, le roi est donc ici?

» — Par Jarnac! ma fille, je l'ai fait chercher, ce bon sire, et il me sera plus obligé que de la prise de Chartres.

» — Bon Dieu! j'ai vergogne de me montrer en si pauvre parure et les cheveux désordonnés.

» — Bon! reprit madame de Sourdis, le roi regardera plus volontiers à votre visage qu'à vos habillements.

» — Par la bataille de Pavie! ajouta le chancelier, même chose arriva en l'année 1539 au chevalier-roi François Ier, qui, avant le soleil levé, vint surprendre sa belle Féronnière. Cette dame, l'œil chassieux d'avoir dormi, se voulait parfumer, laver et orner : « Foi de gentilhomme, ce dit le roi, je n'ai que faire de vos atours, mais bien de votre personne; si être vue vous déplaît, faites ôter les lumières. »

Pendant ce propos, Henri ne venait point, et madame de Sourdis interrogeait son chancelier de ses regards. Icelui réagençait les aiguillettes de ses grègues, tandis que le miroir me portait conseil à réparer ma mise en attendant le roi.

« Oui-dà, dis-je alors, notre maître est donc bien empêché après sa toilette, qu'il tarde tant?

» — Ce n'est pas de son plein gré, j'en jurerais, reprit madame de Sourdis.

» — Il ne loge point en cet hôtel?

» — Non, quant à cette nuit, repartit M. de Cheverny sans malice, et...

» — Oui, sans doute, interrompit madame de Sourdis; mais depuis que Mantes faillit être surpris par les ligueurs, le roi veille en personne aux fortifications par le chaud et le froid.

» — C'est affaire à un si grand prince, » dis-je sans penser à mal, et fort émue de cet excès de prudence. Puis devisant pour passer le temps, je demandai des nouvelles de ma sœur Julienne, et comment elle avait fait les relevailles de ses couches.

« Madame, elle est grosse encore! s'exclama maître Alibour qui entrait pour me souhaiter la bien-venue.

» — Raillerie! dis-je; elle n'avait depuis ses noces cohabité avec M. de Brancas son époux.

» — Elle y est à cette heure, repartit M. de Cheverny, en la ville de Rouen, et ligueuse plus que vingt. Mais sa grossesse, m'est avis, est tant seulement dedans l'imagination d'Alibour.

» — Hippocrate! s'écria le médecin outragé en sa science, ne me poussez à bout, de peur que je dise le jour, l'heure et le comment de la conception.

» — Bonhomme, dit madame de Sourdis l'air fâché, vous seriez propre à expliquer le mystère de l'immaculée Conception.

» — Le roi n'arrive pas davantage, » me récriai-je pour détourner ce propos malplaisant.

Sitôt dit, le roi arriva, et, entré dedans la

salle, où j'étais toute soucieuse, me jeta les bras au cou, me baisant à m'étouffer.

« Ma Gabrielle, belle et la plus belle, disait-il, votre retour m'ôte une montagne d'ennuis de dessus le cœur ; votre présence sera pour moi comme un clair soleil après l'orage.

» — Sire, interrompit M. de Cheverny, au risque de vous déplaire, je dirai à Votre Majesté ainsi que Bayard, le chevalier sans peur et sans reproche disait à son frère d'armes, le roi François Ier : L'amour est bon ; mais l'honneur vaut mieux.

» — A quoi tend cette parole, mon maître ? reprit le roi.

» — A vous faire souvenir, dit M. de Cheverny, que ce jour d'hui vous devez joindre M. de Biron, qui assiége Rouen et M. de Villars. »

Ce colloque durant, je considérais Henri de la tête jusqu'aux pieds, tant il me semblait vieux devenu et métamorphosé d'air et de visage. Ainsi faisait Alibour riant sous cape. Tout soudain, je fus en pamoison de rire, et dis à travers mille éclats :

» — Sire, l'étrange chapeau que vous avez!

» — Sire, ajouta maître Alibour, venez-vous pas d'opérer un accouchement en ville, que vous portez les insignes de la faculté comme un mien confrère.

— Dis-moi ce que c'est, demanda le roi, compère Cheverny, et quelle mascarade on me fait jouer?

— Sur ma vie! sire, répondis-je, vous sortez d'une apothicairerie, et avez échangé vos hardes contre celles du maître.

» — J'ai dépit bien grand de cette aventure, se récria le roi, et j'en châtierai les auteurs; car la distance est énorme d'un roi de France à un médecin.

» — Sire, repartit Alibour, les batailles tuent plus de gens encore que nos remèdes. »

Henri n'arrêta guère sous ce déguisement doctoral; et, tout rouge, s'en alla donnant les médecins à tous les diables. Ceci ne me fit point réfléchir, et comme madame de Sourdis et le chancelier souriaient s'entre-regardant:

« Ma tante, dis-je, faites-nous part un peu de l'objet qui vous divertit.

» — Je pense, reprit madame de Sourdis riant plus fort, que le bonhomme Alibour est coupable de ce changement d'habits.

» — Hippocrate! se récria Alibour, quelqu'un de la faculté apparemment; mais je suis plus innocent que le petit au sortir du ventre maternel.

» — Je tiens le fil en ce labyrinthe, reprit ma tante : M. Alibour ayant omis de fermer l'huis de sa chambre, cette nuit qu'il dormait, le roi qui couche auprès, se voulant habiller dans l'ombre et sans éveiller ses valets, aura vêtu cette friperie à tâtons.

» — Saint Hippocrate! madame, moi qui sais tout le menu de l'histoire...!

» — Bonhomme, poursuivit M. de Cheverny, même aventure arriva en 1535 à monseigneur Dubellay, lequel, mandé tout de suite par le pape, prit les habits de son secrétaire, maître François Rabelais.

» — Sire, dit madame de Sourdis au roi de

retour, mais fort mécontent de la farce, j'ai découvert l'énigme, et vous la dirai quand M. Alibour ne sera point là pour nier.

» — Par Hippocrate! fit Alibour, je jure et adjure que ledit chapeau et le reste...!

» — C'est bon, dit le roi, qu'il en soit ce qu'il pourra; mais, ventresaintgris! je prouverai aux moqueurs que je suis roi et non médecin.

» — Un roi, sire, conclut Périnet à qui la langue démangeait, doit être vraiment médecin de son peuple, voire même en dépit d'icelui, le guérissant de toutes misères humaines, guerres, disettes, séditions, qui sont maladies moult dangereuses et auxquelles profitent bien les plus doux remèdes.

» — Vive Dieu! cria le roi embrassant Périnet, voici d'admirables paroles à écrire en lettres d'or dessus la couronne, et feu M. Guy-Faur de Pibrac n'a jamais si bien dit en ses quatrains. »

Henri depuis m'a conté le vrai touchant le chapeau du docteur, lequel fut coiffé d'autre sorte par le roi, qui, la nuit de mon arrivée, couchait au logis et avec la femme dudit médecin. Cette malavisée, quand on eut averti Henri de me venir voir, ayant usé de tous moyens en sa puissance pour le retenir, imagina malicieusement de l'accommoder avec les vêtements de l'époux cocu. Le lendemain, Sa Majesté, par contre-vengeance, envoya lesdites hardes au mari, le priant de garder les siennes pour l'usage des amants de madame. J'ai volontiers ri de l'aventure, narrée tout à plat par maître Guillaume, qui en tirait cette belle morale, que l'habit ne fait pas le moine.

Quand le jour fut grand, Henri me supplia honnêtement de lui octroyer le tête-à-tête. Je ne répondis mot, et cela s'entendit d'un : Je le veux. Étant seuls, après des baisers donnés et reçus, Henri se mit à pleurer.

« Sire, dis-je, ces pleurs dérivent-ils de ma présence, et vous plairait-il mieux que je revinsse chez monsieur mon père ?

» — Oui mignonne, je me dépite de penser

à toi et aussi à moi; j'envie la fortune d'un tabellion de village, mangeant du pain et de l'ail, mais allant et venant à sa convenance : je ne suis pas roi, mais esclave des calvinistes et des catholiques.

» — Sire, jetez bas ces vilaines idées en temps que nous sommes ensemble.

» — Au contraire, ma mie, j'y pense à ton objet; car voici que tu as secoué le joug d'un père tyrannique, et moi je ne puis rompre mes entraves : tu viens, et je pars.

» — Sire, le meilleur est que vous mettiez la Ligue à néant, comme Hercule faisait les monstres : le siége de Rouen achevé, vous marcherez à Paris, et je vous vois sacré et couronné roi à Reims.

» — Le pas est plus difficile que tu penses : que si je deviens catholique, comme tout m'en convie, messieurs les calvinistes recommenceront la Ligue à l'encontre d'un relaps; que si je persiste en ma religion, mes gentilshommes catholiques me délaisseront; ce dont chaque jour ils me menacent. Vive Dieu! j'ai bonne envie de redevenir roi de Navarre sans royaume, comme devant.

» — Sire, le découragement est pire que tout, et je vous prie, en cas que mes prières aient votre oreille, de croître en courage et persévérance; l'avenir pour vous vaut mieux que le présent.

» — Ah, ma chère! tandis que je suis par monts et par vaux loin de vous et de vos yeux ardents, le tourment de l'absence m'aiguillonne; et tant plus je m'éloigne d'où vous êtes, tant plus s'avive mon désespoir.

» — Sire, sire, pour vous remettre en joie, j'irai où vous irez, fut-ce aux mers hyperborées!

» — Mon âme, oui, c'est de l'amour dont je suis plus joyeux que de toutes les finances des Espagnols; c'est du plus parfait amour, et qui bientôt me navrera d'un autre regret.

» —Lequel? sire, en temps que je vous aime et vous aimerai toujours, j'en fais serment.

» — J'ai pour femme la sœur de trois rois

défunts; mais la plus mauvaise bête, la plus dévergondée, la plus odieuse!...

» — Sire, ayez souvenir qu'elle est votre épouse; et d'ailleurs vous n'avez point sous les yeux le spectacle de ses galanteries, qui la firent confiner au château d'Usson.

» — Ventresaintgris! damné soit le démon femelle qui me déshonora par le mariage! cette vilaine, qui souille mon nom et mon lit, défend que je fasse ma vraie épouse d'une digne amie telle que tu es, mon cher cœur!

» — Henri, amour vaut mieux qu'hymen.

» — Amour vaut mieux que tout! Mais Bellegarde est-il bien hors de ta pensée, belle Gabrielle?

» — Non plus que si je ne l'eusse onc vu ni connu.

» — Je me fie à ta promesse de ne le revoir; car si bon que je sois, j'ai de grosses colères, Dieu me pardonne! Et par hasard, vous trouvant ensemble, si j'eusse mon épée, je pourrais bien me repentir de ce qui adviendrait!

» — Sire, il n'en sera rien, et vous n'aurez

besoin de tirer l'épée : si pareille chose arrivait, je vous requiers de commencer à me donner la mort justement.

» — Demeure à Mantes avec madame de Sourdis, mon cher tout ; je vais loger à Dernetal contre Rouen, pour mieux pousser les travaux et attaques ; car j'appréhende que la résistance sera rude, et Dieu en sait la fin. Je laisse à ton commandement une part de ma maison, et un absolu pouvoir comme si tu fusses véritablement reine ; je reviendrai souvent et t'écrirai davantage. Oh ! le triste mot qu'adieu ! »

Je réconfortai Henri de bonnes paroles et d'autant de baisers qu'il voulut ; après quoi, essuyant sa paupière, il se posa en selle, répéta un *adieu, ma mie !* et partit à beaux éperons ligués, comme dit Chicot, le plus brave des bouffons, lequel devait mourir peu après. Monsieur mon père, instruit par Zamet de ma retraite à Paris, m'écrivit d'un ton fort radouci, me mandant de le dégager de sa parole avec Bellegarde, qui avait toujours en main le double du contrat et en poursuivait l'exécution pour Pâques fleuries de l'année suivante. Je répondis à M. d'Estrées que j'agirais en cette affaire ardue de manière à le rendre satisfait; et quant au mariage avec Bellegarde, que j'en étais plus que jamais dégoûtée; partant, que j'aviserais au plus expédient pour retirer ledit contrat. Le roi, suivant ses loisirs, venait me visiter tous les quatre jours et m'écrivait quotidiennement, savoir: les détails du siége, qui se poussait faiblement, et les nouvelles de son amour. Ces lettres et ces visites nous menèrent aux environs de Noel sans avancer beaucoup les choses des deux parts; car madame de Sourdis comparait au siége de Rouen l'amour du roi, devenu timide et peu entreprenant, contre son habitude. Je menais en la ville de Mantes une vie honorable et splendide; les petits comme les plus grands se recommandaient à mes grâces; chacun déjà savait la grande amitié que me portait le roi; et dames et gentilshommes des plus hautes maisons venaient se déclarer mes servantes et serviteurs. C'est en ce temps que madame de Nevers, séjournant en cette même ville, me vint saluer, eu égard à la belle posture que j'allais prendre en cour. Cette dame, que toujours depuis j'entretins parmi mes plus dévouées, et l'est encore, avait une prodigieuse libéralité de caresses et embrassements. Je l'ai dénommée à bon escient l'amie de tout le monde; car elle a des Dieu-gard! pour le fin premier venu, et en outre elle vous baise sans vous connaître à triple rebras; en somme, elle n'est dépourvue d'envie et de malveillance. « Diantre! disait feu M. de Nevers son mari, je n'ai pas épousé ma femme, mais la femme de bien d'autres.

Pour tout dire, de par Mantes il n'était que bruit de la nouvelle amie du roi, et j'eus peine à avoir accoutumé ces clignements d'yeux, ces chuchotements à l'oreille, ces signes que les gens faisaient à mon passage. Un matin j'ouïs deux petits pages devisant de mon fait dedans l'antichambre.

« C'est une belle et noble demoiselle, disait le plus jeune, et j'approuve Sa Majesté de la mettre au-dessus de madame Marguerite, qui sent si mauvais que les plus rares parfums de l'Arabie n'y vaudraient rien.

» — On ne l'intitulera point, celle-ci, reprit l'autre, la Marguerite des Marguerites, comme la reine de Navarre sœur du roi François Ier.

» — Madame Gabrielle a la main et le pied si mignons qu'elle ne serait méconnaissable de nuit entre toutes les dames de la cour, et madame de Châteaupers, à qui doit s'allier M. de Rosny, disait parlant d'elle, ce par jalousie, que petit pied et petites mains dénotent petite âme.

» — Or la dame a tout cela fort grand et gros, le reste aussi; mais en fierté elle ne le cède à personne.

» — Moins vaut être roi qu'ami de madame Gabrielle; Sa Majesté, je crois, est de mon avis.

» — M. de Cheverny disait que la reine Marie Stuart, lors de son hyménée avec le feu roi François II, toute belle qu'elle fût à l'admiration d'un chacun, n'égalait madame Gabrielle, comme la lune n'est point à comparer au soleil.

» — Il est doux de servir une si digne maîtresse! »

Ces enfants, de la maison de Barjac et de celle de Castelnau, sont demeurés mes pages jusqu'à ce que j'en fisse de bons officiers au roi, qui m'en a su bon gré. A cette époque M. de Longueville, lequel m'avait aimée de la première vue, et poursuivait de m'aimer au détriment de son épouse, madame Catherine-Gonzague de Clèves, vint deux et trois fois à Mantes sous quelque prétexte en l'air, me fit visitations avec des soupirs et lèvements d'yeux, ce à quoi je ne pris pas garde, non plus qu'à sa bonne mine. Pour finir, il se hasarda de m'écrire la suivante, que je ne montrai au roi, de peur d'élever entre eux un aigre conflit ; mais je m'abstins d'y répondre, et depuis seulement j'eus cette bonté imprudente, fondée sur d'honnêtes motifs. Sire, je vous dirai ci-après la vérité que j'ai dite à Henri alors que feu M. de Longueville eût fait soupçonner méchamment ma loyauté.

« Ma chère dame,

» Vous que je souhaiterais nommer de noms
» plus doux, tenir plus long-temps ma pensée
» en la prison de mon cœur n'est plus au pou-
» voir du misérable amant que vos yeux ont
» fait sans malignité. Il ne vous souvient pas
» que naguère j'ai requis de mon épée l'inesti-
» mable honneur d'être votre chevalier. M. de
» Bellegarde a eu dessus moi l'avantage, non
» par les armes, mais de votre indulgence. D'à
» présent que la plus insigne foi mentie vous a
» démontré ce que vaut ledit Bellegarde, je re-
» viens me ranger dessous vos étendards et
» vous prier d'amour. J'ai pour certain que le
» roi ne vous tient au cœur davantage que le
» perfide ami de mademoiselle de Guise; car
» Sa Majesté n'a onc persévéré en ses amours,
» et je vous dissuaderais de faire croître le
» nombre de ses anciennes maîtresses, qui
» toutes n'ont eu à se louer de sa fidélité. Donc
» je vous offre un ami de maison royale et qui
» ne cesse de vous adorer en secret et silence.
» Moi, votre petit serviteur, je ne vise à d'autre

» gloire qu'à vous plaire, à d'autre heur qu'à
» vous aimer, et cela toute la vie. Mon attache-
» ment l'emporte d'autant sur tous autres par
» sa constance, sa force et son ardeur. La con-
» quête que je tente est par trop hardie, et j'ap-
» préhende grandement d'être plus camus que
» ne sera le roi à la levée du siége entrepris. Je
» vous réitère, belle des belles, que je suis
» acharné à exciter cette belle flamme, et sans
» attendre votre plein gré. Que si mon mariage
» est un obstacle à mes désirs, je suis prêt à vous
» écrire de mon sang une promesse en laquelle,
» ma femme morte, je m'engage à la remplacer
» par vous ; ce me sera plus d'une occasion de
» pécher par les souhaits que je pousserai au
» ciel pour être délivré de madame de Longue-
» ville. Je n'espère rien, et j'espère tout. Faites
» que Henri d'Orléans vous tienne lieu de Henri
» de Bourbon. Que si votre résistance dédaigne
» mes offres, bien au-dessous de vos divins at-
» traits, je ne cesserai pour cela de vous avoir
» pour la plus chère et la plus cruelle des dames,
» desquelles je suis le serf à merci.

» Henri d'Orléans de Longueville. »

Cette lettre me sembla insensée et honteuse pour un vrai gentilhomme ; car le roi étant mon ami avoué, c'était bien mal juger de ma personne que me supposer changeante au point de quitter l'un pour l'autre ; ensuite il y avait de la méchanceté à vouloir dépouiller le roi d'un bien acquis. Toutefois je célai cette épître, pensant que ce fût la dernière ; et quand M. de Longueville, inquiet de ma réponse, s'en vint la querir de bouche, je ne lui mandai autre chose que cette moquerie : « Monsieur, s'il vous plaît de me dire comment se porte madame de Longueville, et d'aventure si elle mourra bientôt ? » Madame de Sourdis là présente rit volontiers de la question, aussi incongrue que la promesse de mariage faite du vivant de cette dame. M. de Longueville avait trop haute opinion de son petit mérite pour se faire honte de son entreprise, qu'il pourchassa de tant de sortes et si audacieusement, que je fus en la nécessité de le prier par lettres de discontinuer ses tentatives, qui ne me prendraient à la tentation. De cette correspondance, en tout bien tout honneur, pouvait résulter la ruine de mon amour avec Henri, ce qui m'eût été plus sensible que la mort; mais mon innocence et la méchanceté de l'autre connues, je fus trop bien tancée d'avoir eu compassion d'un qui ne valait rien. Le bon Dieu l'a châtié en le retirant de ce monde avant l'âge. Son âme soit sauvée éternellement!

La veille de la fête de Noel, à laquelle je devais saintement communier, le roi survint sans autre compagnie que M. de Rosny, lequel, la face cicatrisée, allait faire l'amour à très haute et puissante dame de Châteaupers, sa fiancée.

« Ma mie, me dit Sa Majesté me baisant à sa façon sur les yeux et la bouche, je m'en viens auprès de vous chômer la Noel.

» — Sire, repartis-je, êtes-vous catholique devenu?

» — Non, ventresaintgris! mais amoureux je suis et serai. Noel pour moi vaudra mieux que la Pâque si vous veuillez chanter ensemble les antiennes du dieu Amour, lesquelles n'ont ni commencement ni fin et ne se chantent qu'à deux parties.

» —Sire, vous arrivez en un moment inopportun, d'autant que je suis affairée à mes dévotions.

» —Vive Dieu! ma chère, est-ce pécher en votre religion que de bien aimer? s'il en était ainsi, je préférerais quitter mon Dieu que ma maîtresse.

» —Sire, demain je communie, et d'ici là je ferai pénitence.

» —Non ferai pour ma part, mon cher cœur; car vous voir, vous ouïr, vous baiser, ce sont plaisirs qu'envierait le paradis.

» —M'est avis, s'interposa Périnet, madame, que vous ne communierez au jour de demain?

» — Et pourquoi, je te prie, cette excommunication, mon gentil Périnet? m'écriai-je.

» —Madame, il est bon d'élire les moments que l'on commerce avec Dieu, et son précieux sang est un poison sinon un baume céleste.

» —Le diable m'emporte! dit le roi, si j'entends l'alpha et l'oméga de tes horoscopes mais je consens de grand cœur à ce que ma chère et amée Gabrielle se dispense de la communion catholique.

» —Sire, dis-je, il me coûte de ne point gagner des indulgences à votre intention, et pourtant je sais Périnet trop mon ami pour m'engarder contre mon bien et le vôtre.

» — Madame, fit Périnet, Noel est le jour prédestiné, et amour, sans être péché mortel, n'est pas tout d'un accord avec les sacrés mystères.

» — Qu'est-ce donc que ce Noel dont tu me fais si grosse peur? répondis-je en colère.

» —Les astres annoncent la jonction de Mars e tVénus.

» —Vive Dieu! j'en reçois le bon présage, se récria le roi, et en cas que la chose arrive comme tu dis, je te rendrai plus riche que le roi Charles IX ne fit le maître astrologue Nostradamus.

» —Que si vous saviez de mémoire les Centuries dudit Nostradamus, dit Périnet, vous verriez un vers où il est dit :

A la Noel, la femme au roi se donne.

» — Ventresaintgris! Nostradamus est bon compagnon, et je souhaite que son horoscope vise juste à mon objet.

» — Périnet, repris-je, maintefois j'ai lu et revolvé les Centuries de Michel Nostradamus, et mon maître Mahom me les expliquait avec beaux commentaires; mais de ce vers je n'ai point souvenance.

» — Prions Dieu qu'il y soit, dit le roi, et surtout qu'il n'ait menti.

» — Au même livre, poursuivit Périnet, je vous citerai cet autre à vous concernant:

Vénus et Mars menant amour gentil,
Vulcain fut fait époux, ainsi soit-il!

» — Quelle est cette jolie prière de Cythère? demanda le roi, afin qu'il m'en souvienne.

» — La pronostication, répondit Périnet, vous regarde, sire, et je ne serais guère en peine de nommer Mars et Vénus; quant à messire Vulcain, il n'est pas l'heure de le savoir.

» — Périnet, fis-je, que si vous tenez à mon amitié et fiance, ayez respect à ma personne et gardez-vous d'allégories si mal sonnantes.

» —Assoupis cette ire, ma mie, se récria le roi ; quand Mars et Vénus, dedans le cabinet d'icelle, vinrent aux preuves de leur grande amitié, ce ne fut, je pense, à la Noel. »

La prédiction de Périnet me troublait l'esprit d'une terrible appréhension, et mal que l'on craint est plus rude à l'arrivée. J'aimais franchement Henri, mais j'eusse pour beaucoup souhaité l'éloigner la fête durant ; j'avais regret de ne point communier, et à la fois des rages de pleurer me prenaient avec des faiblesses et pâmoisons. Le roi, tout ainsi qu'on dit être le serpent, fascinant de son regard passereaux et rossignols, ne s'arrêtait de me regarder incessamment, et je me sentais ardre de tout le corps et transir, tant ses yeux flamboyaient comme escarboucles. Cette fois, Henri me semblait merveilleusement beau, et je ne l'eusse changé pour Adonis, de qui parle la fable ; son nez maintenant était, à mon sens, un miracle de gentillesse. Toutes ces choses, si je les pensais à part, je ne lui en disais rien, et même à plusieursfois, je le suppliai, s'il m'aimait un tant soit peu, de s'en aller.

« Ma chère âme, répondait-il, je ne m'en irai que pour vous obéir, et vous obéissant de déplaisir, je me jetterai en un puits pour éteindre mon feu.

» —Sire, je ne communierai point quoi qu'il arrive, pour complaire à Périnet; mais néanmoins je ne m'exempterai des offices, et pour me préparer à la grande fête de la Nativité, j'ouïrai la messe de la nuit.

» —En ce cas, mignonne, j'irai me messifier à votre instar.

» — Sire, ce serait sacrilége qu'ainsi faire par dérision, et entrer en une église n'est pas chose licite aux calvinistes.

» —Suis-je pas un catholique, mon cœur, puisque j'aime en vous une bonne chrétienne catholique, et pour ce que j'abjurerai afin d'être roi de fait?

» —Vous me rendez fort réjouie de ce sage dessein, et je vous sollicite de fréquenter les églises pour vous affermir en votre conversion.

» — C'est pourquoi, ma chère Gabrielle, je ne faudrai d'assister aux messes et cérémonies du jour, mais sans en faire connaître à personne.

» —En ceci, je vous loue ; car les méchantes langues piqueraient dru contre votre façon d'agir ; donc, s'il vous plaît de m'accompagner cette nuit à la paroisse, sous les simples habits d'un gentilhomme, nous ferons nos oraisons en quelque coin où les cierges ne nous importuneront de leur lumière.

» — Ventresaintgris ! j'aime cette idée et en userai ; mais l'endroit sera fort obscur ; j'y aurai garde.

» —Henri, l'enfant Jésus nous bénira de prier en harmonie ! »

Dans l'après-dînée de la veille de Noel, M. de Cheverny parut avec Chicot et maître Guillaume pour toute suite :

« Voici M. de Cheverny qui vient avec les *sots*, cria Chicot, équivoquant sur les sceaux du chancelier.

» — Vive Dieu ! dit le roi ennuyé de ces nouveau-venus, qui vous ordonna de me joindre, messieurs ? pas moi, j'imagine.

» — Sire, reprit le chancelier, possible est que Sa Majesté ait quelque chose à sceller?...

» — Non, sur ma vie, ces deux jours-ci je n'ai d'autre souci que d'oublier ma royauté.

» — Sire, fit Chicot témérairement, ce n'est pas à si grand prince qu'il faut cacher dame Vérité toute nue ; donc sachez que M. de Cheverny n'a d'autre affaire que de se donner du bon temps avec madame de Sourdis.

» — Grand bien lui soit, repartit le roi, s'il n'a rien autre à sceller ! mais à ce prix n'était besoin de mener deux bouffons, lesquels ont plus d'oreilles et de bouches que la déesse Renommée.

» — Sire, dit Chicot, M. de Cheverny est si curieux de vos plaisirs, qu'il eut peur que maître Ennui ne fût venu en croupe avec vous.

» — Insolent ! cria le roi, cuides-tu que les instants employés à servir ma dame soient de mauvais emploi ?

» — Entendez à moi, monsieur mon maître, que si Ennui est venu, il s'en est allé d'un coup d'œil de madame Gabrielle loger en Sorbonne et aux prêches.

» — Chicot, dis-je riante, ne t'excuse de ton dire, vrai par malheur, car Sa Majesté, par réjouissance, ouïra trois ou quatre messes.

» — Cap dé Diou! sire, se récria Chicot, vous voilà relaps protestant!

» — Sire, ajouta M. de Cheverny, pensez-vous à être catholique?

» — Mes amis, repartit le roi, pour le présent je ne pense qu'à être amoureux!

» — La caque sent et sentira toujours le hareng, remarqua maître Guillaume.

» — Le roi, repris-je avec le doigt dessus la bouche, doit assister cette nuit à la messe pour m'être agréable; mais je vous somme de n'en parler à quiconque.

» — Le fait est à considérer, dit M. de Cheverny, et à ce propos j'ai ressouvenir qu'en l'année 1530 environ (au dire de ma mère), le célèbre poète Clément Marot, de Cahors en

Quercy, fut surpris à la messe de la nuit de Noel, caressant madame Marguerite de Navarre; ce qui fâcha fort le mari, M. d'Albret.

» — Sans remonter si loin, repartit le roi, une autre Marguerite, qui est ma femme, dont j'ai mal au cœur, a été vue en l'église de Saint-Thomas-du-Louvre à pareille nuit de Noel....!

» — Je n'en connais mot, interrompit M. de Cheverny, par déférence et égard, mais ce fut à la Noel de 1573, et j'y étais.

» — Que fit donc madame Marguerite? dis-je sans malice.

» — Ce que je voudrais bien faire, répondit Henri; mais il en a mal réussi à MM. de La Mole et de Coconnas, qui furent décapités l'an d'après.

» — Ah! repartis-je, j'avais créance qu'on n'allât en les églises que pour y prier. »

Le soir venu, je me gardai de demeurer seule à seul avec le roi, qui tenait ses yeux contre les miens; car je n'en fais point mystère, ses yeux m'eussent bientôt réduite à sa merci, comme il arriva malgré mes précautions. Enfin je requis madame de Sourdis de ne me point délaisser en cette extrémité où luttait ma pudeur, et elle m'eût dit non que j'aurais fui comme précédemment. L'assemblée se fit à ma satisfaction, et le roi qui comptait sans hôte, prit un air soucieux que je m'efforçai de rasséréner avec des paroles douces comme miel. Chicot et maître Guillaume, de voir Sa Majesté triste, ne s'aventuraient d'abord à une équivoque, et M. de Cheverny laissait au repos sa chronologie et ses réminiscences. Quant à M. de Rosny, la veuve de M. de Chateaupers le retenait en ses bras au préjudice de sa vertu solennelle, et Henri s'en félicitait tout bas, vu que cet inexorable calviniste se fût pendu à l'habit du roi pour le mettre à l'écart d'une église catholique, pire, à son jugement, que mainte arquebusade. Madame de Sourdis commença de cette sorte.

« Monsieur de Cheverny, vous qui viviez à la cour des rois François Ier et Henri II, faites-nous des récits de ces temps-là, où, dit-on, les gentilshommes étaient plus galants et les dames plus aimées.

» — En juillet 1540, je n'avais lors que douze ans, reprit le chancelier en belle humeur de narrer....

» — Je tiens et soutiens, m'écriai-je, qu'en aucun temps, ancien et moderne, on n'aima mieux qu'aujourd'hui.

» — Certainement, fit le roi, et pour ma part j'ai expérimenté les plus rudes tourments de l'amour, et à cette heure, plus que jamais, je pâtis le martyre sans lequel je ne voudrais vivre.

» — Monsieur mon ami, dit Chicot, par habitude on apprend à se prêter aux souffrances sans qu'il en coûte, et à force d'aimer, on doit moins aimer.

» — Monsieur, repartit le roi, vous avez plus de langue que d'âme, et je vous fais asavoir en réponse que présentement j'aime plus que de ma vie je n'aimai, sinon une fois, qui fut la première.

» — Sire, dis-je soudain, n'est-ce pas Fleurette que vous aimâtes si bien?

» — Tu l'as nommée, ma fille, reprit Henri

avec un soupir, et je l'aime encore, quoique défunte depuis 1563.

» — Ce fut un vif amour pour un jeune gars de treize ans, fit observer M. de Cheverny, et madame Catherine en divertit bien la cour.

» — La pauvre fille fut tuée par cet amour ! s'exclama le roi la larme à l'œil.

» — Sire, dis-je gentiment, Votre Majesté serait bonne de nous réciter cette histoire dont beaucoup ont parlé, et que peu ont connue.

» — Je vous prie, messieurs, d'avoir bouche close après mon récit. Ma chère Gabrielle, j'ai bon espoir que tu me feras oublier toutes, voire même Fleurette.

» — Sire, fit M. de Cheverny, était-ce bien en l'année 1563 ? J'ai en idée que votre visite à Nérac fut en l'année 1564, au mois de mai.

» — Vraiment, reprit madame de Sourdis, il s'agit bien de savoir l'an, le mois et le jour ; mieux vaut le fait en sa simplicité.

» — Mes amis, et vous, mon cher cœur, conta le roi, je n'avais que treize ans d'âge, et j'étais élevé à Paris en la discipline grecque et latine et française par un savant précepteur, nommé La Gaucherie, lequel avait toujours en bouche les quatrains admirables de M. Guy-du-Faur de Pibrac. Quant audit Pibrac, je vous ferai souvenir qu'il composa des sentences rimées dignes de Platon, et s'ingéra de commettre un adultère avec madame ma femme; passons. La Gaucherie, candide d'âme et de vie, avait pour les femmes une haine si très forte, qu'il ne les regardait jamais, et parlait à elles en rougissant de pudeur. Il en était tout autrement de mon petit personnage; car à la cour du roi de France, de belles dames m'ayant pris sur les genoux, et baisé avec cent mignardises, j'en perdis le dormir une semaine durant, et de bonne heure d'enfant je devins homme. M. de La Gaucherie voyant mes sens portés à cet excès, évita de me conduire à la rencontre des dames et des demoiselles, ce qui m'affligeait, et à plusieurs fois je m'évadai aux heures d'étude pour aller aux chambres des femmes de la reine-mère, lesquelles, faciles italiennes, me laissaient vaquer à mes jeux par mainte caressé charnelle. M. de La Gaucherie, un jour qu'il était en quête de moi, vint en un cabinet où je tâtonnais l'Aminta, laquelle avait le poil blond et l'œil noir. Ce docte Caton mit la main dessus ses yeux, et s'écria d'après Pibrac:

Je ne vis onc prudence avec jeunesse!

» Je fus si vergogneux d'être surpris en ces badineries par la Sapience en personne, que je m'enfuis en un coin. La Gaucherie eut peur que ma virginité se dégâtât tout-à-fait, et obtint, sous de vains prétextes, licence de me conduire à Nérac, où le roi mon père et la reine ma mère tenaient leur cour. Je pleurai d'abord de quitter mes filles d'honneur, puis je fus tout consolé de voir rire la campagne au mois d'avril. Arrivé à Nérac, j'admirai le château de mes aïeux les princes d'Albret, et j'oubliai quasi les femmes de la reine-mère, sirènes de leur métier. M. de La Gaucherie, au soleil levant, m'ayant mené aux allées ombreuses du parc, je récitai de mémoire ces beaux vers des *Plaisirs de la vie rustique* :

> Je te salue aussi, jardin, le seul plaisir
> De mon frère et seigneur, lorsqu'il prit le loisir,
> Sur la fin de ses ans, de cultiver les plantes.....

» Je fus suspendu en mon débit par le froissement de la feuillée, et tout soudain je me lançai à la course loin de mon maître, qui, ne sachant où je tendais, peut-être après un papillon ou vers un nid d'oiseau, poursuivait à pleine voix les vers de son ami Pibrac :

> O bienheureux celui qui, loin des courtisans,
> En des palais dorés, pleins de soucis cuisants,
> Sous quelque pauvre toit, délivré de l'envie,
> Jouit des doux plaisirs de la rustique vie !

Mais ce pendant j'avais à travers les branches déchiqueté mes vêtements, que je courais de plus belle; ce n'étaient ni des papillons, ni des couvées d'oiseaux qui m'aiguillonnaient les jambes, mais une gente fillette que j'avais avisée, ouvrant les feuilles pour savoir qui venait. Elle s'enfuyait, plus légère qu'une biche au bois, et n'écoutait ni à cris ni à prières d'arrêter jusqu'à un ruisselet, dont les bords, moussus et glissants, la firent choir. De cette sorte, la suivant de près, je chus pareillement au même endroit. Je l'accolai en diligence, comme j'avais accoutumé de faire les filles d'honneur; elle cria, mais sans beaucoup crier, et puis se mit à rire divinement. Je confesse qu'en tout ce temps je n'avais remarqué qu'elle fût vêtue à la mode des villageoises.

« Ma mie, dis-je, œil contre œil, main contre main, et parfois bouche contre bouche, quel nom avez-vous ?

» — Monseigneur, répondit-elle, j'ai nom Fleurette, et suis fille du jardinier du château.

» — Mignonne, veux-tu pas m'aimer si je t'aime ?

» — Nenni-dà, je suis de trop basse origine, et vous êtes trop grand prince.

» — La chose, petite, est aisée à bien accommoder; je t'appellerai *madame* et tu répondras *monsieur*.

» — Ou plutôt, monseigneur, dites *Fleurette* et je dirai...

»—*Henri*, en cas que le nom te plaise.

» — Oh! je n'oserai prendre cette licence.

» — Ose, Fleurette, et Dieu sait comme je t'aime jà.

» — Henri, je voudrais qu'il me fût permis de vous aimer comme je fais!

» — Fleurette, mon pédagogue vient de ce côté, et j'ai à cœur qu'il ne nous trouve ensemble.

» — Est-ce donc mal faire, que de me parler de pair à égal?

» — Fleurette, demain, aux naissants rais de l'aube, viens à cette place la plus agréable de toutes pour ce que je t'y vis cette première fois.

» — Adieu, monseigneur, je souhaite être à demain.

» — Adieu, jolie Fleurette, aie souvenance de ma grande amitié. »

«Je la baisai en hâte et m'allai tapir dessous un hallier, pour voir venir La Gaucherie, qui ne douta de mon cas, apercevant Fleurette sise au bord de l'onde claire, et cueillant mauves et violettes parmi l'herbe moite.

« Enfant, cria-t-il en arrière, avez-vous aperçu le petit prince courant à la débandade?

» — Non, ma fi! pourtant je n'ai bougé de ce lieu.

» — Ma fille, mensonge est père de tous vices; desquels oisiveté est mère; quand vous farderez le vrai,

<blockquote>N'aie de toi plus que des autres honte.</blockquote>

» — Monseigneur, ne grondez point...

» — Songez à ce beau précepte source de tout bien :

<blockquote>Plus n'embrasser que l'on ne peut étreindre,
Aux grands honneurs convoiteux n'aspirer!</blockquote>

» — Monsieur de La Gaucherie, dis-je accourant, quelle morale faites-vous à Fleurette, cependant que j'erre parmi ces bocages?

» — Vous savez donc qu'elle a nom Fleurette? repartit La Gaucherie; vous l'aurez deviné, j'en jurerais.

» — Ce n'est pas vous toutefois, monsieur,

qui me l'avez enseigné en vos leçons; mais d'aventure j'ai su ledit nom en rêvant.

„ — Monseigneur, hier je vous ai dit le quatrain convenable à cette occurrence.

>   Haïr le vrai, se feindre en toutes choses,
>   Sonder le simple afin de l'attraper,
>   Braver le faible et sur l'absent draper,
>   Sont de la cour les œillets et les roses.»

» Sans attendre la fin de ces rimes, je m'en revins au château, et Fleurette, à mon exemple, retourna en la logette de son père le jardinier: La Gaucherie ne cessa nonobstant de moraliser les poissons du ruisseau. Le lendemain, après une nuit employée à rêver de Fleurette, les yeux ouverts, le soleil frappa de ses rayons à la fenêtre pour m'avertir du rendez-vous, et, avant le réveil de mon précepteur, je m'en allai à l'échappée le long du ruisseau, dessus l'herbée foulée de la veille, et j'éprouvai toutes les angoisses de l'attente, qui fut longue pour avoir devancé l'heure. Fleurette enfin parut, alors que je pleurais de ses retards; je volai à sa rencontre, et sans mot dire, avec des pleurs et des soupirs, je la baisai tant et plus. Après quoi, je la fis seoir dessus le gazon et au plus proche de moi; je m'aperçus à ses yeux rouges qu'elle avait jeté des larmes :

« Fleurette, dis-je, est-ce donc de me point voir que tu as été marrie?

» — Oui, repartit-elle, mais les préceptes de ce seigneur, si grave et austère, m'ont donné matière à réflexion, et j'ai pensé que j'étais folle d'aimer plus grand que moi, et vous insensé d'aimer si médiocre fille que je suis.

» — Je te forcerai de penser autrement, ma mie, par l'ardeur que je te porte.

» — Oui-dà, mais si, m'ayant bien aimée, vous veniez à vous en distraire, ce serait vouloir que je meure.

» — Fleurette, je t'aime si copieusement que, devenant grand, je deviendrai roi et tu seras reine.

» — Oh! non pas, je veux demeurer fille du jardinier de votre château; mais entends que vous persévèrerez à m'aimer.

» — Ma mie, j'ai ouï dire que les serments faits par le saint nom de Dieu étaient de leur nature inviolable; eh bien! je jure Dieu que mon amour n'aura de fin qu'avec la vie.

» — Je vous crois; car ainsi sera pour ma part, et si de trois jours je ne vous voyais, j'aurais pour certain que vous êtes parjure.

» — Et en cette pensée, Fleurette, que résolveras-tu ?

» — Henri, ce clair ruisseau qui nous mira tous deux si bien aimants, me secourrait par un prompt trépas.

» — Soit, convention faite qu'absence de trois jours de l'un ou l'autre manifestera son infidélité. »

» De ce moment, nous menâmes une tendresse réciproque, intime et secrète; car La Gaucherie nous était plus à craindre que la brebis ne fait le loup. La rive du ruisseau fut un mois durant témoin de nos baisers matinaux et de nos beaux serments d'aimer; chaque aurore nous admirait folâtrant dessus la verdure, et renouvelant les ébats de la veille. M. de La

Gaucherie ne lisait dedans les poésies de M. Guy-du-Faur de Pibrac, la science amoureuse qui me tenait à cœur. Une épreuve que tenta Fleurette par bonne intention mit à néant tout cet âge d'or; car voulant voir ce qui adviendrait de mon amour, elle se cacha le matin au creux d'un orme pour me causer du souci. A ma venue, inquiet de ne la rencontrer, je m'assis à voir couler l'eau, et mes larmes, par torrents, firent croître cette eau moins amère qu'elles n'étaient. Fleurette, mue du démon de la curiosité, ne se contenta de si peu et demeura en sa cachette, une heure, deux heures, trois et quatre, et puis jusqu'au soir. Mon deuil se mua en rage, et je me roulais en désespéré contant mon infortune à la nymphe Écho. Enfin, las de nommer Fleurette, de me fondre en larmes, d'exhaler mon âme en sourds gémissements : « Infidèle, m'écriai-je, il ne sera pas dit que mon martyre aura duré trois jours en vain! Tu ne vaux être tant aimée; mais si, avec toi, la vie m'était douce, elle est sans toi pire qu'un supplice de l'enfer. Méchante! tu répondras du péché que tu commets par mes mains. » Ce disant, je me précipitai au fond de l'eau, quand des deux rives d'aval et d'amont, deux cris élancés me donnèrent trop tard un regret, j'avais ouï la voix de Fleurette et me noyais! mais à temps que, sans haleine et sans mouvement, je fluctuais entre la vie et la mort, M. de La Gaucherie, qui avait vu de loin l'accident, me joignit à la nage, et me reporta en ses bras au rivage où, de ses baisers, de ses pleurs et de tendres appels, Fleurette rappela ma chaleur vitale avec mon amour.

« Ingrat! disait-elle, parjure! que ne patientais-tu jusqu'à demain.

» — Plus ingrate cent fois, dis-je, de faire tant de mal par votre faute.

» — Monseigneur, repartit La Gaucherie, vous aviez un beau précepte qui vous eût bien servi :

Ne souhaiter la mort, et ne la craindre.

» — Vois, Henri, se récria-t-elle, quels maux fussent résultés de trop de hâte! ne pouvant te sauver, je m'allais noyer avec.

» — Fleurette, répondis-je, es-tu contente de ma façon d'aimer ?

» — Oui bien, car à ta place j'en eusse fait de même ; sois-en averti.

» — Enfants, dit sévèrement M. de La Gaucherie, vous accomplissez mal, ce me semble, l'apophthegme inclus en ce quatrain :

> Avec le jour commence ta journée,
> De l'Éternel le saint nom bénissant ;
> Le soir aussi ton labeur finissant,
> Loue-le encore et passe ainsi l'année.

» — Monsieur, répliquai-je, je louerai et bénirai l'Éternel de ce que Fleurette m'aime toujours, et vous, pour ce que vous m'avez tiré de ce péril de mort. »

» Je baisai Fleurette comme si M. de La Gaucherie eût été absent ou aveugle, et je la conviai au rendez-vous du lendemain ; elle y vint la première et pleurante.

« Ma mie, dis-je, chagrin passé est effacé : vois, je ris de joie ce matin que je te baise plus fraîche que la rose de ton corsage.

» — Henri, fit-elle, cette rose demain sera

fanée et séchée ; néanmoins je te prie d'en faire une relique.

» — Plus chère que relique de saint, d'autant qu'elle a baisé ton blanc tetin ; mais qui te peut douloir à cette heure ?

» — Henri, j'ai songé d'eau verte et marécageuse; c'est signe de mort.

» — Fleurette, mon tout, chasse loin ces mauvaises idées qui sont vapeurs de l'enfer, et comme je fais pour toi, tâche de m'aimer davantage.

» — Dressons un traité en cas que je meure de mort subite.

» —Pour Dieu! mon cher cœur, désistez-vous de si noirs présages, qui m'ôtent la raison rien qu'y penser.

» — Fi ! Henri; est-ce à vous de craindre la mort, qui l'avez affrontée à mon objet ?

» — Arrière ces propos sinistres à qui aime bien! Ne nous soucions que du temps présent, et consommons-le en caresses et serments.

» — Je vous requiers de me survivre, Henri, qui serez un jour roi et grand roi. »

Les choses futures, dit-on, se révèlent à ceux-là qui ont leur pied dedans la tombe; et sans avoir la force de répondre, j'éclatai en pleurs et sanglots, que Fleurette imita en silence. Cette entrevue, qui fut la dernière, se passa plus vite et plus tristement; nos embrassements furent aussi plus longs et plus étroits.

« A demain, Henri, dit-elle en s'éloignant.

» — Oui, demain, Fleurette, repartis-je, demain ! »

Ma voix, comme brisée, ne proféra qu'une plainte. A la nuitée, M. de La Gaucherie me mit aux mains les saintes écritures, disant :

> Qui a de soi parfaite connaissance
> N'ignore rien de ce qu'il faut savoir ;
> Mais le moyen assuré de l'avoir
> Est se mirer dedans la sapience.

» — Monsieur, repartis-je, obligez-moi de m'exempter de cette lecture quant à ce soir; car j'ai l'esprit à l'envers.

» — Monseigneur, vous avez remords quelconque, je présuppose, et vous renvoie au quatrain :

> Tu dois premier, si bien y as pensé,
> Rendre de toi à toi-même le compte.

» — La Gaucherie, foin de tes quatrains ! Je me sens en piteux état d'âme et de pensée; la cervelle me bout.

» — Monseigneur, élevez votre âme en haut avec humilité, car, dit le proverbe :

> Les princes sur le peuple ont autorité grande,
> Mais Dieu plus fortement dessus les rois commande.

» — Mon ami, sache-tu que songer d'eau bourbeuse a signification mort violente ?

» — Monseigneur, vous êtes vraiment malade et chétif; mettez-vous au lit que j'aille quérir le médecin. »

La fièvre brûlait mes os jusqu'à leur moelle, et fallut me médeciner et purger à cause du froid subit que j'avais eu par ma chute dedans la source. Le docteur dit que de suer me rendrait la santé, et M. de La Gaucherie eut cure de me veiller en un lit bien chaud. L'aube venue, je demandai à cor et à cri que Fleurette, la fille du jardinier, fût avertie de ma grosse maladie; mais La Gaucherie, de concert avec madame ma mère, s'abstint de cette précaution; et quand la pauvre fille vint au château savoir des nouvelles sur ce qui m'entravait d'aller au jardin, par ordre de madame d'Albret on lui fit réponse que de la veille au soir j'étais en route devers Paris. « Bon ! dit-elle, selon ce qu'on m'a rapporté depuis, les songes annoncent vérité quelquefois; les trois jours d'attente sont de trop ! » Puis moitié courant, moitié marchant, elle disparut aux yeux derrière les arbres. A ce moment je me sentis, par un transport fébrile, agité dedans mon lit comme un qui se noie, et je restai évanoui. Le jour d'ensuite, par une soudaineté surnaturelle, au même temps que M. de La Gaucherie était dehors à ses affaires, pâli et tout moite de sueur, je me levai non sans chanceler et quasi nu; l'amour m'aidait et animait, la fièvre aussi. Traverser les salles et galeries, descendre les montées, courir par les allées du jardin, ce fut un délire, un rêve, et pas un domestique n'osa m'arrêter de force, tant mon air était lugubre et assuré. Je suivis l'aval du ruisseau, cherchant de l'œil mon amie et la nommant aux échos insensibles, comme Orphée faisait Eurydice. Tout-à-coup, à la surface de l'eau, sous l'ombre d'un cyprès en deuil, je vis ou crus voir une forme humaine, un corps noyé, une femme morte. « Fleurette! criai-je, tu n'attendras guère! » Mais ce spectacle horrible, non moins que le mal, avait rompu mon courage; je coulai à terre sans souffle ni sentiment. Qu'ajouter après? Fleurette avait rendu son âme à Dieu, et j'en eusse fait autant sans ma promesse, dont j'avais honte et regret. Or je fus bien long-temps raide et demi-mort, et, lorsque la connaissance me revint, sans le souvenir de ma perte je demandai Fleurette; M. de La Gaucherie, qui ne pleura que cette fois en sa vie, me trempa les mains de ses pleurs, avec cette consolation en quatrain :

> Ce que tu vois de l'homme n'est pas l'homme,
> C'est la prison où il est enserré,

C'est le tombeau où il est enterré,
Le lit branlant où il dort un court somme.

» — Oui, m'écriai-je, Fleurette est au ciel, mais moi qui l'aime, je demeure dessus la terre! »

Henri, dont la voix allait en défaillance, interrompit son récit à cet endroit avec force pleurs; j'avais pleuré sans cesse et chacun pleurait aussi, jusqu'au bouffon. Il y eut par la chambre un instant de silence, occupé par de grands hélas!

« Sire, dit M. de Cheverny, cette histoire m'a touché de pitié, et je ne sais à lui comparer que l'aventure lamentable du roi François Ier, alors duc d'Angoulême, en 1514, avec une dame anglaise venue en France pour les noces du roi Louis XII et de Marie d'Angleterre.

» — Fleurette était plus folle que sage, reprit madame de Sourdis.

» — Ce n'est qu'une femme noyée, repartit maître Guillaume.

» — Cadédis! fit Chicot, la fille d'un jardinier ayant nom Fleurette vous octroya sa fleur, laquelle fut sans épines; au contraire, chez vos religieuses, bien fin qui ne s'y pique les doigts.

» — Mon cher cœur, me dit Henri, la pauvre Fleurette est bien honorée de vos larmes.

» — Sire, repartis-je à mi-voix, il ne réussit point de vous tant aimer.

» — La faute en est à La Gaucherie, qui justifia son nom bien cruellement.

» — Ne l'avez-vous expulsé de votre présence pour son châtiment?

» — Vive Dieu! le bon homme, outré de m'avoir causé ce désespoir, se laissa mourir l'année suivante.

» — Sire, se récria M. de Cheverny triomphant, avais-je tort de penser que ceci s'est passé en l'année 1564, et non 1563?

» — Il en adviendra semblablement, dit maître Guillaume, tant qu'il y aura de l'amour, des femmes, et de l'eau où se noyer.

» — Je pense à la fatale chance de Fleurette, et vous plains plus qu'elle, dis-je, séchant les larmes en mes yeux.

» — Ma chère âme, repartit Henri, à ce qui

est fait rien ne remédie : mais il ne tient qu'à votre humanité de me rendre plus heureux que ne fit onc Fleurette.

» — En l'année 1572, de récente mémoire, commença M. de Cheverny...

» — Quelle heure est-il, bouffon ? dit le roi à maître Guillaume.

» — Sire, répondit hâtivement Périnet, n'oyez-vous point les cloches des églises sonnant la messe de la minuit ?

» — Chantons Noel, cria Chicot.

» — Noel ! Noel ! »

CHAPITRE VII.

La séance est levée. — Religion des fous. — Le petit roi à naître. — La foi d'un gentilhomme. — Les péchés. — Tardif repentir. — Henri IV et Gabrielle à la messe de minuit. — Obscurité favorable à l'amour. — Le deuil de Fleurette. — Je vous aime ! — Sacriléges ! — La nuit de Noel. — Le philltre. — Le réveil. — La nouvelle maîtresse d'un roi. — Amour et intérêt. — Invitation à des noces. — Les bouffons courtisans. — Où la jalousie va-t-elle se nicher. — Le bon apôtre. — M. le comte d'Essex et la Table ronde. — Châtiment d'un fou. — Le soleil levant. — Récompense mystérieuse. — Requête de madame Babou. — Blessure du roi et siége de Rouen. — Gabrielle à Louviers. — Lettre d'avis de M. d'Estrées. — Quel parti prendre ? — Imprudence. — Confidence. — La pierre philosophale. — Rapport du faux page. — Bellegarde viendra. — Extase et rêveries. — Le signal. — Extravagances d'amant. — Gabrielle attendrie. — Écoutez-moi ! — Motif du rendez-vous. — Débats. — Le roi ! — Le contrat. — Le retour inattendu. — Soupçons. — Les apparences. — L'hôte mystérieux du cabinet. — La femme qui a tort. — Henri IV coiffe Bellegarde. — Gare les rhumes ! — Le brave Crillon. — Les Heures de Mayenne. — A Noyon !

« Messieurs, dit le roi, la séance est levée, et que chacun s'en aille à ses affaires sans se contraindre plus que je ne fais.

» — Sire, repartit maître Guillaume, un fou a cela de plaisant qu'il n'est d'aucune religion, si ce n'est de celle où l'on rit le plus. Partant il ne me chaut de la Noel, et bonsoir la compagnie.

» — Mon avis est, reprit Chicot, que bouffonner, moquer et railler, n'est pas offenser Dieu, et j'accomplis mes devoirs de bon chrétien mieux que ne font des sages et des rois; ainsi j'irai aux offices.

» — Je souhaiterais pour tout bien, fit M. de Cheverny, le renouvellement de la fortune qui m'advint à la Noel de l'année 1559, auquel jour allant ouïr des psaumes chantés en musique par les religieuses de Montmartre, je fus fort bien traité de l'abbesse ma sœur d'alliance.

» — Si possible était que ce temps revînt, lardonna madame de Sourdis, vous seriez rajeuni de trente années; l'eau de Jouvence ne vous profiterait mieux.

» — Les astres seront beaux, cette nuit, à observer, remarqua Périnet; et j'y verrai, je gage, un petit roi à naître.

» — Ventresaintgris, s'écria Henri, que madame Marguerite se garde de pondre quelque bâtard, à moins d'en faire, comme d'Esplandian, un capucin, ou n'importe quel métier.

» — Sire, arrêtai-je, n'allons-nous point fêter la Noel à l'église ? Cette nuit de triomphe et d'exaltation les païens seuls sont en somme.

» — Mignonne, reprit le roi me baisant d'un bec forcené, et pressant les doigts de ma main à les bleuir, allons, non pas à la grâce de Dieu, mais à la vôtre. »

Madame de Sourdis, bien expérimentée en ces matières, invita le monde à se retirer, afin de ménager de bons moments à Sa Majesté, à qui moult tardait d'être seul à seule. Les moins sagaces se doutèrent du mystère, et laissant le roi s'en éclaircir avec moi, qui tremblais d'inquiétude, s'en allèrent chacun à son objet.

« Madame, dis-je à ma tante qui m'abandonnait la dernière, demeurez, ou je me brise la tête contre la muraille.

» — Gabrielle, dit le roi fâché, je vous ai juré mes grands serments de ne vous point forcer, mais d'attendre votre bon plaisir; j'y ai engagé ma foi de gentilhomme.

» — Sire, ne vous offensez, me récriai-je, j'ai prié madame de Sourdis de rester, aux fins de nous semondre de ne manquer à la messe, comme j'en aurais grand'peur, venant à nos mutuelles confidences.

» — S'il vous plaît tant, ma chère âme, menez-moi à ma première messe, et qu'elle vous vaille des indulgences pour l'autre vie.

» — Sire, je ne vous en ferai point faute, car un roi de France pèche sept fois plus qu'une dame de mon rang.

» — Il est des péchés, ma belle, auxquels on a besoin d'un peu d'aide, et la vôtre me fera grand bien. »

Parmi d'autres menus propos, je m'embéguinai la face du mieux qu'il me fut possible, et le roi pareillement prit sa cape et un feutre à larges bords, pour garder l'incognito.

« Maintenant, dit-il souriant à mon sourire, en cet équipage je me laisse conduire où vous voudrez, et demanderai seulement ma revanche.

» — Sire, ne vous effrayez; je ne vous pousserai à l'enfer.

» — Ventresaintgris! baillez-moi licence de vous faire jouir du paradis. »

Le roi, crainte d'accidents, ayant au côté son épée, qu'il disait être son meilleur garde-du-corps, m'offrit le bras, que j'acceptai avec un frisson de partout, et au moment de passer le pas de la porte :

« Sire, dis-je, si j'emmenais Périnet ou Rousse pour nous éclairer d'un cierge ou d'un fallot?

» — Vive Dieu! madame, avez-vous tâche de m'être contraire? Voulez-vous que toute la ville de Mantes connaisse que le roi, excommunié comme hérétique, a fait la Noel en une église.

» — Henri, ne prenez votre grosse voix; mais voici que je me repens de vous faire la conduite et me soucie de l'impiété.

» — Non, te dis-je, cher cœur, s'il y a péché le moindrement, je le réserve dessus mon compte; mais j'ai toute envie de me rendre catholique pour être de ta religion, car je ne veux d'autre Dieu que le tien.

» — Hâtons-nous, sire, la messe serait dite, et le diable ferait sa curée des indulgences à gagner. »

Nous entrâmes à bas bruit en l'église, resplendissante de lumières et remplie de fidèles célébrant le Sauveur qui nous est né.

« Sire, dis-je, voilà bien des yeux qui sont ouverts sur vous?

» — Mon tout, les miens ne voient rien autre que vous ici et en l'univers. »

Pour évader les regards et les médisances, je pris siége dessous les orgues; ce lieu était si fort obscur, que pour lire en mon livre d'Heures il eût été besoin des yeux de lynx. Henri me remercia de l'endroit choisi, et souhaita qu'il fût plus sombre encore.

« Sire, dis-je, ne me troublez point en mes prières que je ferai de mémoire; et quant à vous, élevez votre âme à Dieu, qui nous voit et entend.

» — Mignonne, le seul Dieu qui règne dessus mon cœur à la Noel comme à Pâques, c'est votre personne adorée.

» — Henri, je vous prie de ne point détourner ma dévotion.

» — Ma chère mie, il est juste que tout péché venant de ma part me soit attribué et non à vous.

» — Henri, les péchés ne sont rien en cette vie, mais en l'autre?

» — En ce cas, ma très chère, avisons à choisir les plus agréables péchés à faire, avec résignation d'en faire pénitence.

» — Henri, avez-vous d'aventure porté le deuil de la mort de Fleurette?

» — Quant aux habits, mon deuil ne fut que de six mois, mais éternel au fond de l'âme.

» — Elle était, j'imagine, bien belle et charmante

» — Moins que vous êtes, Gabrielle; car vous surpassez toutes les dames, comme le paon passe le corbeau.

» — Bien heureuse celle qui sera aimée autant que Fleurette !

» — Combien plus je vous aime ! et je désire que vous m'aimiez seulement moitié qu'elle.

» — Henri, il n'est plus temps de vous le céler, je vous aime et ne puis m'en départir.

» —Vive Dieu ! quel baume céleste ! Répétez encore ce franc aveu de bonne volonté; dis que tu m'aimes !

» — Sire, de votre grâce, permettez que je prie un tant soit peu ?

» — Non, Gabrielle, c'est à moi de te prier et supplier ; le Seigneur Dieu ne manquera de vœux et d'oraisons.

» — Henri, pensez-y, nous sommes dedans une église !

» — Ah ! ma pensée, ma vie, mon tout, je m'agenouille plus volontiers devant toi que devant le crucifix.

» — Henri, pas de sacriléges ; levez-vous de devant moi, qui ne suis que votre petite servante.

» — Toi, Gabrielle, sois mon Dieu et ma

reine! Ta résistance fut assez longue et courageuse; mon amour s'en est accru, et puisque le tien n'a diminué, marions-les ensemble, qu'il se nourrissent l'un de l'autre, comme le pélican de son sang alimente ses petits.

» — Henri, je me réjouis de l'obscurité du lieu, pour que vous ne voyiez ma rougeur.

» — Crois-m'en, chère dame, mon amitié n'est pas de celles qui fassent rougir.

» — Ah! vous êtes d'humeur si légère, Henri, que la tendresse d'une dame vous semble une hôtellerie où l'on entre et d'où l'on part.

» — Qui vous a fait ce rapport menteur, mon cher ange? Les femmes au contraire sont de nature inconstante et changeante; je ne quitte que qui me trahit.

» — Si vous dites vrai, ce sera pour jamais ne nous quitter.

» — En ce temple et par-devant la majesté du Dieu des catholiques, je jure...

» — Henri, ne jurez point.

» — Je jure, ma divine Gabrielle, en cas que madame Marguerite ma femme meure ou divorce, de vous épouser en légitime mariage.

» — Dehors, Henri, dehors; c'est la sainte messe de la Noel ! »

Le roi, qui demeurait à mes pieds comme si ce fût devant le saint sacrement, à ma requête se leva et me traîna hors de l'église. J'appréhendais que les voûtes ne chussent dessus nos têtes ! Je n'avais la faculté de ma raison, je marchais, parlais, et pourtant sans savoir où j'allais et ce que je disais. Ayez pitié de moi, mon Dieu ! c'était la folie de l'amour qui excitait mes yeux, mes pas, ma langue et mes mains. Le roi par ses douces paroles se faisait maître de mon cœur et de ma personne. Une part de la nuit, vaguant par les rues silencieuses et pleines de ténèbres, Henri m'étreignait en ses bras, me baisait sans reprendre haleine, si bien que les suites furent à sa convenance entière, et que la faute est à lui plutôt qu'à moi. O la délicieuse nuit ! onc Noel n'apporta tant de joie et de plaisirs. M'est avis que le soir au souper, Périnet ou madame de Sourdis avaient en ma boisson versé certain philtre amoureux, lequel produisit bon effet. En somme, quand le lendemain je m'éveillai couchée, je fus bien honteuse de voir Henri à mes côtés, et souriant de ma rougeur subite.

« Sire, m'écriai-je avec des larmes et cachée parmi les draps du lit, qu'avez-vous fait?

» — Ma mie, répondit-il, ventresaintgris! chantons Noel!

» — Henri, qu'il me soit licite d'aller en un couvent par pénitence!

» — Demeurez en ma cour, Gabrielle, la première et la plus aimée. Vous êtes, à ne vous plus dédire, la maîtresse de Henri, roi de France et de Navarre. »

De ce jour je fus l'amie du roi et sa maîtresse, dont je m'honore avant que le mariage ait achevé l'œuvre de l'amour. Périnet l'avait dit : la Noel unit à toujours Henri et Gabrielle. Il n'est pas si petite action ou si secrète chez les rois et princes qui se puisse celer à la foule, et le lendemain de Noel le plus mince hobereau de la ville de Mantes n'ignorait mon aventure, ou du moins le résultat.

« Madame ma nièce, ce dit malignement ma tante de Sourdis, une fois en votre vie vous avez pris garde à votre intérêt.

» — Madame, repris-je, comprenne qui voudra ce vilain mot. Je regrette que le bon Dieu ne m'ait donné force de résister plus long-temps et sans cesse.

» — Si M. d'Escoubleau vous arraisonnait un peu, il vous rangerait de son avis.

» — Madame, vu que je n'ai point de mari à faire gouverneur, ma conduite est libre et désintéressée, Dieu merci !

» — Oui-dà, ma fille, ce que j'en dis n'est dans l'intention de vous fâcher; mais vous avez, sinon un mari, père, frères et sœurs, qui vous sauront gré de votre protection.

» — Sachez, madame, que je m'aime mieux amie de Sa Majesté que dame de Bellegarde.

» — Ainsi est de moi, qui préfère M. de Cheverny à M. d'Escoubleau de Sourdis, et ne m'en cache point.

» — Ensuite, j'ai lointaine espérance d'un serment fait en face du crucifix.

» — Pour ce, madame ma nièce, faites par avance un holocauste au bon Dieu ; car promesse de mariage en la bouche du roi ou signée de son sang, c'est chose bannale et de médiocre valeur.

» — Advienne ce que pourra ; mais j'estime Henri, de parole, ainsi que doit tout gentilhomme.

» —Madame, dit Périnet, nulle puissance humaine n'a droit et raison contre les destins, et ce qui est écrit aux astres s'accomplit tôt ou tard.

» — Madame ma tante, repris-je, et vous aussi, gentil astrologue, je vous invite à mes noces.

» —Lesquelles? demanda madame de Sourdis.

» — Celles de la reine de France et de Navarre sans doute. »

Messieurs les courtisans, y compris les bouffons, me vinrent complimenter, je ne sais pourquoi, si ce n'est de me jeter en un trouble sensible ; car, à vrai dire, je ne sus à leurs félicitations répondre grand merci.

« Madame et maîtresse, dit maître Guillaume, roi est roi, femme est femme, vous fûtes tirée d'une côte d'Adam, et partant le roi Henri ne serait au complet s'il ne vous avait à son côté.

» — Ma très haute dame, repartit le procureur La Regnardière, le bouffon ci-présent jasait tantôt d'autre sorte, disant par son flux de proverbes : « Qui monte plus haut qu'il ne doit, de plus haut choit qu'il ne voudrait. »

» — Sac de chicane! se récria maître Guillaume serrant les poings, la mort des loups, c'est la santé des brebis. Donc je t'apprendrai, méchant renard, que vue trouble ne brise pas les dents.

» — Monseigneur l'apothicaire, reprit le procureur, ceci vous ramènera à votre métier, qui est de parler derrière moi plutôt que devant.

» —Paix ou trêve! bouffons! dit Chicot; songez que madame Gabrielle n'a que faire de vos différends. Sus! faites retraite, et me laissez congratuler le chef-d'œuvre supernaturel où Sa Majesté a bouté ses affections.

Vint après M. de Rosny, non moins humble que les fous, et la face égratignée, les poils de la barbe arrachés, et les yeux pochés, à cause, me dit-il, de l'incomparable vertu de madame de Châteaupers, future dame de Rosny en secondes noces.

« Madame, fit ce bon apôtre, en temps qu'un gouvernement soit vacant et à donner, je réclame votre assistance auprès du roi.

» — Monsieur, répondis-je, Sa Majesté connaît ses amis, et ne les paie en ingratitude.

» — Les services numéreux que je lui ai rendus dès avant la bataille de Coutras sont mis en oubli, néanmoins, et les catholiques raflent tout, sans que des miettes tombent de leur table. »

Finablement le roi étant de retour au siége de Rouen, venait souventesfois de Darnetal à Cœuvres, voir comment se portaient ses amours; et chacune fois c'était à qui de ses gentilshommes aurait l'honneur de me saluer sous ses auspices. M. le comte d'Essex, général des alliés anglais, aussi preux et galant qu'un chevalier de la Table Ronde, me fut présenté par Henri avec ces mots :

« Madame, voici le plus chevalereux de mes amis, le même qui a défié M. de Villars au combat à outrance.

» — Madame, repartit M. d'Essex, en mon cartel je lui offrais de prouver par la chance des armes que ma dame était plus belle et de plus haute valeur que la sienne ; mais je confesse devant Sa Majesté que je retire mon défi en cas que la dame de M. de Villars vous égale en beauté, grâces et noblesse. »

Quant à Henri, son grand amour s'enflambait tant et plus ; l'amitié allait de compagnie ; car il m'avait créé son premier ministre, et profitait de mes avis, qui réussirent pour la plupart.

« — Ventresaintgris ! disait-il, belle Gabrielle, qui donc vous a si bien enseigné l'art politique et militaire ? vous serez tantôt plus roi que moi-même, et vous en prie. »

Le roi voulut que ma maison eût des gentilshommes, des pages et tout le train d'une princesse. Il ordonna que je fusse de tous respectée comme sa personne. La Regnardière ayant, par imprudence singulière, joué de la langue contre mon honneur, Henri voulut le châtier selon le supplice ordinaire des bouffons, qui est de pendre le patient par les oreilles; mais j'intercédai tant, qu'il lui fut fait grâce et remise de la peine, à la charge d'être plus sage à l'avenir. M. de Cheverny, plus que tous les autres, se prosternait en révérences, et me disait flatteusement: « Madame, si le roi Henri deuxième ne fût pas défunt du coup de lance de Montgommery, en l'année 1559, madame la duchesse de Valentinois, qui ne vous valait le moindrement, serait morte reine de France. »

Le seul Périnet, que je distingue entre mes plus féaux, s'abstint de m'aduler, et adorer mon soleil levant qu'il avait prédit; mais il persévéra en sa façon d'être, avec toute licence de donner son avis. Voire depuis l'accomplissement d'une part de ses horoscopes, j'avais fiance aveugle en ce qu'il disait d'après l'astrologie et sa science mal sujette à l'erreur.

« Périnet, dis-je par gratitude, à quand et

comment te rendre ce que je te dois, c'est-à-dire tout ?

» — Madame, à moi petit, vous ne devez rien; mais beaucoup à votre étoile.

» — Quoi qu'il arrive, mon ami, tu n'auras onc le cœur de me quitter ?

» — Oh! non, ma chère dame; la vieille filandière d'Atropos a si fort embrouillé le fil d'or de votre vie au fil de laine de la mienne, qu'il les faudra couper d'un même ciseau.

» — Que si je deviens reine par privilége du sort, tu auras l'emploi d'astrologue du roi mon époux.

» — Quand vous irez au faîte de votre fortune, alors je dirai la récompense qui me plaît.

» — Dis, mon fils, et dès à présent je te l'accorde telle qu'elle soit.

» — Non, par la damnation! bonne est la promesse; mais tenir vaut davantage. »

Là-dessus Périnet, les cheveux hérissés au front, et les regards clairs comme des basilics, me considéra un temps, et s'alla enfermer avec ses cornues, alambics et lunettes.

Cependant, le mois de mars de l'année 1592 et les premiers jours d'avril étaient passés, et monsieur mon père, non plus que mes sœurs et frères, ne m'avaient mandé de leurs nouvelles pour avoir des miennes ; seulement madame Babou ma mère m'écrivit du château de M. Yves d'Alègre, à Issoire, pour honorer ma signalée fortune et me requérir de faire changer le gouvernement de son d'Alègre, lequel, pour être trop haï, courait risque de la vie. Ma sœur Françoise, de séjour à Issoire, me faisait savoir qu'elle était fort curieuse de se marier, et se mettait à ma merci pour lui élire un époux. Henri, auquel je recommandai cela, s'offrit de satisfaire ma sœur ; mais jura par la barbe de son père de ne s'occuper aucunement de M. d'Alègre et de madame Babou, la première catin de ses États après sa femme la reine Marguerite. Madame de Sourdis refusa d'appuyer la requête de sa sœur, disant qu'elle était plus pressée de ses affaires que du reste. Nonobstant, je remis à d'autre temps d'avoir bon marché du roi ; mais plus tard je ne servis madame ma mère que par des messes et prières pour son âme !

En ce temps-là Sa Majesté, trop plus hardie que ses carabins et ses arquebusiers, fut blessée à la journée d'Aumale, d'un coup de pistolet au bas des reins. Il faillit cette fois et bien d'autres être tué ou pris. Ce fut de ma main que sa blessure était pansée et soignée, la guérison ne tarda guère, aux vœux que je fis. Le siége de Rouen allait de mal en pis. Le maréchal de Biron, comme aussi son fils, se montraient quasi plus ennemis à la cause du roi que les ligueurs; d'autre part, M. de Villars, gouverneur, en ses sorties repoussait les assiégeants en leur tuant bien du monde; M. le duc de Parme faisait avec son armée des merveilles qui n'aboutissaient jamais à une bataille rangée. Le roi toutefois n'abandonna le siége entièrement; mais logea ses gentilshommes aux environs et me pria de l'aller attendre à Louviers, où, sitôt après un bref voyage à Dieppe, il me viendrait joindre avec un million de baisers en réserve. Donc hâtée d'obéir, je me rendis à Louviers en la compagnie de madame de Sourdis, qui s'était érigée en ma première dame d'honneur. Sire, confessez-le, n'avait-elle pas charge de m'épier et éclairer en toutes mes actions!

Une lettre de M. d'Estrées vint aussi dru que la foudre perturber tous mes esprits.

» Madame ma fille,

» La présente est pour vous remémorer que
» la Pâques approche, et aussi le terme du
» contrat. M. de Bellegarde m'a fait savoir qu'il
» ne remettrait le double dudit contrat qu'entre
» vos mains. Donc avisez une fois pour toutes
» à me rendre ma parole que je ne voudrais
» fausser au prix d'un royaume. Je requiers
» l'exécution de notre traité, qui est de satis-
» faire M. de Bellegarde; ce je vous ordonne
» comme à ma fille. Je vous en prie par le ciel
» et la terre, faites-moi tenir une réponse telle
» que je la souhaite devant Pâques, et consi-
» dérez qu'à défaut de ceci, je ferai sortir mon

» âme du corps par force, plutôt que d'être ac-
» cusé de foi mentie.

« Antoine d'Estrées,
» Sieur de Valieu et de Cœuvres. »

Monsieur mon père n'était pas de ceux-là qui parlent sans agir, mais plus volontiers agissent sans parler. Il avait sa parole à cœur plus que la vie, comme il eut toujours, et je frémis de penser que, à mon sujet, il tournerait contre sa poitrine la pointe de son épée. Le cas pressait, et le plus prompt expédient me sembla le meilleur. Je me donnai de garde que madame de Sourdis, voire même Périnet, si dévoué au roi, vissent clair en mon dessein, qui, pour être innocent, avait des apparences coupables. Combien j'ai regret de n'avoir tout dit à Henri, lequel m'eût sortie de ce pas hasardeux ; mais avais-je le loisir de remettre ma réponse à son retour de Dieppe, en temps que mon honoré père était en souci de s'enfoncer un fer aigu au ventre. En somme, la calomnie s'étant saisie de ce fait obscur aux fins de diminuer l'amitié que me portait le roi, j'ai à scrupule de dire vérité.

M. de Bellegarde ne m'avait écrit depuis que je l'en eus fait prier par Henri, lequel, de son plein gré, fit un ordre de ma prière. Bien plus, M. le grand-écuyer, inquiet de se maintenir en bonne posture, évita ma rencontre, et non moins que le roi, je l'estimais de cette réserve; il est vrai que mademoiselle de Guise usait de son pouvoir, lui interdisant ma vue, la seule obligation que je lui aie. Par ainsi, n'ayant pas d'apparence que Bellegarde me vînt chercher, force était de l'envoyer quérir. Ce fut à quoi je m'arrêtai, non sans remords, et le tentateur me mena par cette fausse voie.

« Petite, dis-je à la Rousse avec grand mystère, il s'agit d'un service bien étrange que toi seule peux me rendre.

» — Madame, ordonnez pour voir.

» — Écoute sans te récrier. Ce pendant que je tiendrai à l'écart Rousse, ton mari, vêts les habits d'un page, monte à cheval, et pique jusqu'au camp de Darnetal, où tu rendras cette lettre à M. de Bellegarde.

» — Madame, sur ma foi! est-ce pour éprouver ma fidélité au roi que vous me tendez ce piége? Pour Dieu! que voulez-vous de M. le grand-écuyer?

» — Qu'il vienne cette nuit s'entretenir de plus importante affaire!

» — Sainte Vierge! madame, cette conférence n'aurait-elle même issue de jour, et au su de chacun?

» — Non, dis-je, le cas est grave, et tellement secret, que seule, après M. de Bellegarde et Dieu, tu sauras ce qui s'est passé.

» — Ma chère dame, je me fie de tout à votre vertu, et tiens pour certain que vous ne voudriez me perdre pour vingt raisons. Quant à votre amour pour Sa Majesté, je préfèrerais mille morts à le desservir à vos périls et aux miens.

» — Va, ma fidèle Rousse, et pour que tu puisses témoigner hautement de notre innocence, tu seras présente et invisible en ce cabinet.

» — Madame, pour la prospérité de l'entreprise, récitez en mon absence les sept Psaumes de la Pénitence. »

Sans plus de délais, la Rousse, qui avait des accointances avec un de mes pages, le susdit Castelnau, alla hors de la ville en un petit bois, où le page lui amena un cheval et des hardes d'homme. Par excès d'obligeance, possible est qu'il l'aida de s'en vêtir. Attendant la réponse de Bellegarde, je prétextai à madame de Sourdis que son chancelier la mandait à Pont-de-l'Arche, où il était de résidence. Je dépêchai Rousse à Mantes porter des lettres à madame de Nevers. Quant à Périnet, je montai à son observatoire, où parmi ses globes, ses cercles, ses lignes, et tout l'arroi astrologique, il ne se doutait du cours de mes pensées.

« Périnet, ce dis-je, comment sont les astres au ciel?

» — Je n'y ai songé d'aujourd'hui que j'ai travaillé au grand œuvre.

» — Tu n'as que faire de la pierre philosophale, vu que je mets ordre à ce que l'on ne voie le diable en ta bourse.

» — Ce n'est pas en ma bourse qu'il est visible, mais au demeurant je n'ai rien inventé en mes fourneaux.

» — Cette nuit de nouvelle lune je te convie de me dresser un bel état du ciel pour un projet que j'ai en tête.

» — Demain, votre somme finissant, je vous rendrai la réponse des étoiles. »

Je me réjouis d'avoir mis en chartre monsieur mon astrologue, et je m'incitai de plus belle à traiter raidement Bellegarde.

Aux premiers feux de Phœbé, la Rousse était revenue, sa mission faite : « Madame, narrat-elle, en l'équipage que vous m'avez conseillé, j'ai poussé à cheval jusqu'à Darnetal sans malencontre ni accident, n'était que la selle m'écorchait au sang. N'étant connue d'aucun, j'eus peine à pénétrer dedans le camp et venir vers M. de Bellegarde, que j'ai trouvé en une chaumière là auprès, écrivant à ses maîtresses et jouant du luth. Votre lettre rendue, il me dit:

« Petit, es-tu depuis long-temps en la maison de mademoiselle de Guise, que je ne t'ai vu encore?

» — Monsieur, ai-je répondu, je me moque de mademoiselle de Guise, et vous prie de voir qui m'envoie. » Il ouvrit et lut la lettre avec maintes exclamations de joie et de surprise; puis comme devenu insensé, il pleura et baisa la lettre.

» — Il a pleuré, et ce n'était pas feintise? m'écriai-je interrompant la Rousse.

» — Madame, si c'était comédie, elle était merveilleusement jouée; car ensuite de ses folies: « Enfant, dit-il sévèrement et d'un regard menaçant, sur ta vie! réponds; n'est-ce point d'aventure une embûche du roi?

» — Fi! monsieur, ma maîtresse se couperait la main avant que d'écrire une trahison.

» — Oublie ainsi que moi cette idée malhonnête et ingrate. Mais dis-moi ton nom, s'il te plaît?

» — Il ne me plaît pas, monsieur, et je n'attends rien autre que votre réponse pour la porter à madame Gabrielle.

» — Non, en son intérêt comme par prudence, je n'écrirai point; mais je vous prie de faire savoir à qui vous envoie, que, dussé-je y périr, je ferai mon devoir. »

» — Maintenant, la Rousse, interrompis-je, à la minuit sonnant, on jettera de la rue une petite pierre par cette fenêtre, et lors tu ouvriras l'huis à M. de Bellegarde; et l'ayant conduit en cette chambre où je serai, tu te cacheras au prochain cabinet, prêtant l'oreille à notre honnête devis, qui doit mourir en ta mémoire.

» — Madame, Dieu me garde d'ouïr ces grands secrets; mais je demeure à portée de la voix, en cas qu'un peu d'aide vous soit nécessaire. S'il le faut je me boucherai les oreilles. »

La fenêtre ouverte, pour passer le temps, si éternel en attente, je m'occupai d'élever mes yeux et mes fantaisies vers le firmament brodé de scintillantes étoiles; les heures coulent vite pendant ces rêves faits en état de veille; mais auxquels l'âme s'envole au ciel dessus les ailes d'un ange. Je songeais, en contemplation, que j'étais reine au Louvre, alors qu'un petit grès chut à mes pieds. Mon imagination guindée jusqu'à l'avenir revint de son extase, et quand la Rousse introduisit Bellegarde, je n'avais raffermi toute ma résolution. Portes et fenêtres closes, la Rousse, pour ne pas gêner le tête-à-tête, entra dedans le cabinet de l'alcôve.

« Madame, dit Bellegarde se traînant à mes genoux qu'il baisait, Gabrielle, ma chère mie, mon épouse....!

» — Monsieur de Bellegarde, repartis-je troublée et marrie de ces grands éclats, ces noms appartiennent à mademoiselle de Guise, et ces beaux semblants de caresses encore davantage.

» — Quoi, Gabrielle! ne voulez-vous que je me justifie? Ma condamnation fut imméritée, et j'en appelle à votre justice.

» — Monsieur de Bellegarde, arrière tant de paroles vaines! L'heure précieuse qui fuit ne se retrouvera.

» — Inhumaine! cette heure tant précieuse, la puis-je mieux employer qu'à regagner votre amitié!

» — Mon amitié, Bellegarde, elle est à vous sans conteste; mais non pas mon amour, qui est tout au roi Henri.

» — Certes, je n'ai l'éclat et le sang qu'il faut pour jouter contre si puissant rival; mais mon ardeur désespérée est plus vive et constante...

» — Bellegarde, encore un coup, ce ne sont à ces fadaises que j'ai compté consommer ce rendez-vous périlleux pour moi et davantage pour vous.

» — Ah! par mon épée de belle-garde! il n'est pas de péril, ma chère amie, auprès des jouissances de l'amour.

» — Vraiment, monsieur de Bellegarde, vous ne pensez à ce que nous sommes l'un et l'autre; vous serviteur de Sa Majesté, et moi son amie.

» — Oui, tyran des cœurs, ce bruit, pour un vrai amant plus triste que le trépas, a occupé bien des bouches et des oreilles; mais si tant est que tu veuilles avec ferme repentance renoncer à l'aimer, le passé me sera comme à néant, et tout autre titre s'effacera dessous le nom de madame de Bellegarde. »

Cet excès de générosité confondit d'un coup ma fermeté, et sentant ployer mes jambes dessous moi et mes yeux se fondre en larmes, je m'assis demi-pâmée; et Bellegarde agenouillé, mes mains en les siennes, allait les couvrant de pleurs et de baisers, comme d'eau et de feu. Je ne recommençai d'aimer Bellegarde à ce moment, mais j'eus quasi un remords de l'avoir quitté, et fis silence pour recueillir mes forces. La réminiscence de mademoiselle de Guise, et plus encore l'amour que j'avais pour Henri, rappelèrent toute ma vertu.

« Certes, monsieur de Bellegarde, m'écriai-je, cessez, par grâce et par merci! Si vous tenez au fond du cœur un reste d'amour ou d'amitié pour celle qui fut vôtre; écoutez seulement.

» — Puisque, madame, je consens à mourir pour vous plaire, hélas! il vous faut bien écouter.

» — Bellegarde, monsieur mon père m'a déclaré comment fut fait un contrat par lequel je suis votre femme sur sa parole.

» — Par la messe! ledit contrat me profite moins que ne ferait votre amour; car je n'eusse onc la dureté qu'il est besoin pour vous épouser forcément.

» — Sur ce j'ai compté à l'avance, me confiant en l'honneur d'un gentilhomme.

» — Vraiment, ma belle, d'ici à Pâques fleuries n'ai-je point un petit espoir de vous amener de gré à signer le contrat ?

» — Je vivrais cent ans, Bellegarde, que ledit espoir ne poindrait pour vous, car amour éteint ne se rallume plus.

» — Voilà comme une montagne qui m'opprime à ces rudes décrets.

» — Ainsi, d'autant que toutes les paroles données et reçues, hormis la mienne, n'aboutiraient à me contraindre à une alliance que vous-même avez dédaignée; je vous somme et conjure de vous désister ensemble de la parole de M. d'Estrées et du contrat que je nie et dénie.

» — Madame, de votre pitié, souffrez que cet inestimable parchemin demeure dessus un cœur où désormais il n'alimentera qu'une flamme inutile ; ce me sera une consolation bien faible pour vrai, mais la dernière, de savoir que j'ai eu si grand bien, et l'ai perdu par ma faute.

» — Bellegarde, en échange de ce contrat que réclame mon père de votre honneur, je ne vous puis offrir qu'une amitié d'une sœur à son frère, et à jamais reconnaissante.

» — Je m'étonne qu'on reçoive de si mortels coups sans en mourir.

» — Madame, cria la Rousse en un terrible égarement, le roi, le roi !

» — Bellegarde, repartis-je, c'en est fait de vous et de moi !

» — Madame, dit-il, ne m'avez-vous pas conduit sous le couteau ?

» — Monsieur de Bellegrade, ce soupçon est infâme, mais l'effet vous prouvera peut-être par ma mort le mauvais pas où je me suis jetée.

— Monsieur, réitéra la Rousse, c'est le roi qui vient! vite, fuyez de céans.

» — Où veux-tu qu'il fuie? demandai-je; j'entends le roi sur les montées, toute issue est fermée à la fuite.

» — En ce cabinet, répondit la Rousse, non moins effrayée que j'étais; venez çà, monsieur de Bellegarde.

» — Bellegarde, fis-je l'arrêtant par le bras en temps qu'il sortait, le contrat?

» — Oui-dà, madame, il n'était besoin de ces grosses peurs pour me l'arracher! Adieu, il n'y a que le nom de Bellegarde à ôter. »

Ce disant avec rage, il déchira ses vêtements à l'endroit du cœur, et tira le parchemin de dessus la peau; puis le jetant à terre et le foulant du pied, il se laissa entraîner au cabinet.

» Ventresaintgris, dit le roi à l'entrée, mon cher cœur, avec qui tout ce tracas?

» — Sire, repartis-je d'une voix tremblotante, la Rousse m'a toute colérée; et je la menaçais.

» — Oui-dà, ma mignonne, déposez ce gros

courroux et ouvrez l'huis, que je vous embrasse pour le retour.

» — Sire, dis-je après la porte ouverte et les baisements d'usage, vous ne fûtes guère absent, et je ne vous attendais pour le quart d'heure.

» — Vive Dieu! depuis quand votre Henri est-il redevenu sire? L'absence a changé bien des choses, ce me semble!

» — Non pas mon amour, je vous jure, Henri ; mais n'étant avertie de votre retour...

» — Madame, que lisiez-vous cette nuit, au lieu de dormir la tête dessus l'oreiller ? »

Il ramassa le parchemin demeuré à terre, et quoi que je fisse pour l'ôter de ses mains par cris, prières et débats, d'un coup d'œil il connut tout le mystère.

« Par le saint nom de Dieu! cria-t-il, un contrat de fiançailles avec M. de Bellegarde ! insigne trahison, madame!

» — Sire, repartis-je, elle n'est pas de mon fait, voyez les signatures.

» — Madame, pensez bien que pour vous aimer à en perdre toute retenue, je n'ai pas

DE GABRIELLE D'ESTRÉES.

prétendu vous forcer et tyranniser le moins du monde.

» — Sire, je le sais; mais, sur mon âme! de ce contrat je suis un peu bien innocente.

» — Oui-dà! comment ce parchemin se rencontre-t-il ici sous votre main, orné d'un lien de vos cheveux?

» — Sire, ne doutez que je vous aime et n'aime que vous.

» — Madame, vous n'étiez point seule, d'aventure?

» — Sire, je préfère tout à cette grosse colère qui apparaît en vos regards.

» — Madame, il était donc ici? peut-être y est-il encore?

» — Henri, n'allez point jusqu'à ce grand scandale.

» — Il n'est point caché dessous ce lit, ou bien je l'eusse chatouillé de mon épée.

» — Sire, gardez d'en rien faire! mais il n'y a personne, vous dis.

» — En cette cheminée et parmi cette feuillée propice à couvrir les amants?...

» — Mon cher Henri, au bruit que vous menez on s'en va venir, et je mourrai de vergogne.

» — Ventresaintgris ! qui parle en ce cabinet ?

» — Personne, je vous assure, à moins que la Rousse y soit entrée en appareil de nuit.

» — Certes, madame, en savez-vous beaucoup qui parlent seules, voire des plus bavardes entre les femmes ?

» — Enfin, sire, vos fureurs m'étonnent, et je suis marrie d'en ignorer la cause.

» — La cause ! madame, je vous la montrerai et ferai toucher du doigt en ce cabinet.

» — Tuez-moi plutôt, sire, avec votre fruit que je porte en mon sein !

» — La Rousse, que si vous êtes céans, ouvrez, dis-je, sur mon ordre, ou, par la mort d'un homme ! j'ouvrirai moi-même.

» — Sire, Henri, arrêtez, et par-dessus tout, rengaînez cette lame !

» — Me voilà, sire, dit la Rousse sortant du cabinet, et non sans le refermer après en être hors.

» — Êtes-vous content, ô le plus tyran des rois? repris-je feignant de sourire et demi-pâmée.

» — Ma fille, demanda Henri à la Rousse, je te promets vingt mille écus pour savoir avec qui tu parlais de si grand courage.

» — Quoi! sire, me récriai-je, ou je suis bien trompeuse, ou vous êtes bien incrédule!

» — Sire, répondit la Rousse, je ne me souviens d'avoir parlé, sinon avec moi-même.

» —Au demeurant, fit le roi, j'aurai plus tôt fait d'y voir, si l'oiseau n'est envolé.

» — Poursuivez, sire, dis-je fermement; il est d'un vrai chevalier français de vexer les dames et de leur faire injure. Bien folle qui compte dessus les promesses d'un roi! Mais faites à votre guise; je me soucie peu de vos façons brutales, d'autant que ma puissance est nulle contre votre inique vouloir. Donc allez en avant; la Rousse vous rendra la clef du cabinet; mais, piquée de vos jalousies, je me retire chez monsieur mon père, et malgré qu'innocente, je vous laisse penser comme il vous plaît.

» —Ma mie, repartit Henri d'un air moqueur, il n'est besoin de voir le cabinet. »

Ce disant, il écoutait des deux oreilles; puis, avec un grand éclat de rire, il prit le chapeau de Bellegarde oublié en un coin, et ouvrant la fenêtre, le jeta dessus le chef dudit Bellegarde qui s'enfuyait par la rue.

« Monsieur mon grand-écuyer! cria-t-il, est-il sage d'aller ainsi tête nue par le froid qu'il fait? Madame Gabrielle a peur que vous ne vous enrhumiez! »

Je fus anéantie et tombai tout en larmes sur mon siége.

« Henri, dis-je avec des sanglots, l'apparence ment cette fois, et ne me faites ce tort de la croire.

» — Madame, répondit-il, je ne crois rien, sinon que M. de Bellegarde était en ce cabinet par suite de ma venue.

» —Je le confesse : mais le motif était louable.

» — Je m'en doute, madame, au désordre

de ses habits et à sa belle fuite comme d'un voleur de nuit.

» — Sire, je vous jure par les plus sacrés serments que tout ceci n'était que pour recouvrer ce contrat dont M. d'Estrées a affaire. »

A ce moment, M. de Crillon, hors d'haleine et sentant la poudre brûlée, survint tout botté et sans être annoncé.

« Sire, dit-il, je souhaite votre arrivée au camp cette nuit même. M. de Parme a fait lever le siége, et M. de Biron a plié bagage. On s'attend à une bataille, laquelle, sans vous, ne serait grande fête.

» — Ventresaintgris! mon brave Crillon, repartit le roi, une femme trompant son mari, la chose est commune; mais une amante son amant, c'est double péché mortel.

» — Que diantre! sire, les amourettes ne sont de saison; et je prie Dieu que pour vous en dégoûter vous ne trouviez que des cruelles ou des infidèles.

» — Madame, reprit le roi pour adieu, vous profiterez de lire les Psaumes de la Pénitence. »

C'est à ce propos que peu après il m'envoya les Heures du duc de Mayenne prises en un décampement précipité des ligueurs et Espagnols. Le roi était loin, m'ayant quittée sans me baiser une petite fois, et encore irrésolue, je ne pensais qu'à me désespérer. Le contrat rejeté à terre par Henri me revint en mémoire. »La Rousse, dis-je mes larmes essuyées, fais avertir Périnet que tout à l'heure je vais à Noyon chez M. d'Estrées. »

CHAPITRE VIII.

Premiers moments de colère. — Parole dégagée. — Égide conjugale. — Demande d'un mari. — Accueil du frère et de la sœur. — Vengeance d'une femme. — Épouser le diable! — Visite de madame de Nevers. — Une amie de cour. — Un mari pris au hasard. — M. de Liancourt. — Son arrivée. — Son portrait. — La plus grosse pénitence. — Aveux dépouillés d'artifice. — Mariage conclu. — Les évanouissements. — Le masque et le visage. — Toilette de la mariée. — Le plus beau jour de la vie. — Témoin inattendu. — Le *oui* et le *non*. — Il m'aime encore! — Le message du Maheutre — Lettre du roi. — Les battus paient l'amende. — Désespoir de Gabrielle. — Obstination du mari. — Le pourquoi du mariage. — Menaces terribles. — La première nuit des noces. — Coliques. — M. de Liancourt enlève madame de Liancourt. — Fausse couche. — Le roi et le mari. — Perspicacité d'Alibour. — Autorité d'un roi. — L'accouchée et la marquise de Monceaux.

J'étais si dépitée de l'aventure, que, de colère, je fis serment de ne revoir jamais Henri, sinon le roi, et la route durant, je ne pus si bien m'affermir en mon dessein, que je n'y eusse regret aux portes de Noyon.

« Madame, ce dit Périnet, à qui de point

en point je narrai ma déconvenue, il n'y a rien à reprendre en votre conduite, et m'est avis que Sa Majesté, sa grand ire apaisée, requerra votre merci.

» — Foin! Opprimer l'innocence, c'est marcher dessus la queue d'un serpent. En tout cas, je n'ajouterai rien pour ma justification.

» — Un autre en fait son affaire. »

Monsieur mon père, informé que c'était moi, en forme de « Dieu gard! » me dit :

« Gabrielle, que devient ma parole, ce pendant ?

» — Mon père, repartis-je, elle vous est rendue avec le contrat.

» — Sainte Astrée! ma fille, voilà parler ça!

» — Maintenant, mon très cher père, je vous prie de me marier le plus tôt possible, c'est-à-dire demain ou le jour ensuivant.

» — Par la messe! petite, le cas est-il pressant? ou bien cèdes-tu à mon axiome, que dessous les courtines conjugales se cachent certaines choses, et que l'honneur du mari est une égide à celui de la femme?

» — Ces subtilités ne m'ont jamais tentée, monsieur, mais il est urgent que je prenne une honnête alliance.

» — Et le roi Henri, que dira-t-il ?

» — Moi je dirai, si vous tardez à faire la noce, que vous avez mis les mains à la honte de votre fille.

» — Holà ! tu me pousses à croire que tu as bien employé le temps !

» — Monsieur, ne m'interrogez; mais soit dit en passant que ce contrat me coûte trop cher !

» — Oui-dà ! je reviens à mon idée : que n'épouses-tu M. de Bellegarde ? il ne s'en faut que de ton seing.

» — Par mon patron l'ange Gabriel ! ne mettez le doigt entre l'arbre et l'écorce : qu'il vous suffise de ravoir votre parole intacte à si grand prix.

» — Je prie saint Antoine de Cœuvres qu'il veuille conseiller mon choix d'un mari, car en ces sortes de choses j'ai la main grandement malheureuse.

» — J'ai si bonne envie que la chose soit faite, que j'épouserais quasi mon astrologue Périnet.

» — Ne va pas d'à présent, ma belle Gabrielle, faillir à ma parole après l'avoir engagée.

» — A votre aise, mon cher père, je m'en remets au sort du reste; car en ce marige il y aura vengeance et pénitence.

» — Il n'est pas de péchés qui vaillent telle pénitence. »

M. Annibal d'Estrées, évêque de Noyon, était tout réjoui de me savoir aimée du roi qui l'avait pourvu d'une crosse; mais il s'émut jusqu'aux larmes d'apprendre que je rompais la paille avec le roi : « Ah! s'écria-t-il, méchante Gabrielle, ton imprudence empêche que je sois cardinal! »

Ma sœur Diane, qui jalousait ma prospérité, et séchait de vieillir fille, fut bel et bien satisfaite de cet obstacle à ma fortune; et pour doubler mes ennuis, témoigna une joie démesurée, me faisant gentil accueil. J'espérais recevoir lettres et nouvelles du roi, pour avoir un prétexte honnête de calmer mon grief mécontentement, et de me distraire d'un sot mariage; mais rien ne vint, et je commençai de croire que le roi persistait en la brouille. Ma grosse humeur s'en augmenta, et à mon tour je persévérai en mon idée de mariage.

« Hélas! disais-je à Périnet, l'injustice du roi me chagrine plus que le reste: aussi bien c'est chose impossible qu'il croie à mon infidélité.

» — Madame, repartit Périnet, mes avis en cette alternative ne transposeraient l'ordre des destinées, et les soucis présents auront meilleure issue que vous n'espérez.

» — Je ressens une fièvre où haine a plus de part qu'amour. Que dira le roi de mon mariage?

» — Il n'en sera pas plus embarrassé que du sien propre.

» — Tu railles, car le trait est bien à fond, et tant d'amitié qu'il avait à mon égard ne se perd en un jour. Pour être mieux vengée, j'octroierais ma main au diable en personne.

» — Plaît-il ? mais le diable n'a que faire d'une si bonne chrétienne ! »

En somme, deux jours donnés à l'attente et à l'incertitude furent deux siècles de larmes et de regrets, sans que Périnet me jetât au cœur d'autre consolation que des paroles railleuses et dures.

« Périnet, dis-je, je n'ai plus aux mains ce Périnet mon plus cher serviteur ; qui donc sur terre m'allègera mes chagrins sinon vous ?

» — Ma chère dame, dit-il, j'ai fait un pacte pour votre service, et certainement je ne le trahirai, mais je souffre de vous voir souffrir.

— Mon fils, et les astres ?

» — Ils sont comme votre fortune, clairs, nombreux et brillants.

» — L'hymen de Vénus et de Vulcain approche.

» — C'est donc raison que Mars soit en jubilation. »

Madame de Nevers passant à Noyon pour aller à ses terres de Nesle, eut avis de mon séjour, et ne se tint pas de me faire ses grands Dieu gard'.

« Ma chère amie, dit-elle parmi ses accolades coup sur coup, Sa Majesté vous a donné congé de visiter monsieur votre père ?

» — Non, madame, repartis-je, votre très fidèle servante a mécontenté le roi, dont l'amour s'en est allé au galop.

» — Madame, ce que j'appréhendais est advenu ; car le roi est de nature légère ; et de ses plus solides attachements autant emporte le le vent.

» — Vraiment, madame, vous pensez et parlez ainsi de nouveau ; je me souviens que vous louïez la loyale fermeté du roi en amour comme en toute chose.

— C'est erreur, madame : voire M. de Nevers mon époux, qui a beaucoup fait pour icelui, ne le force de tenir ses promesses que par menace de quitter son parti.

» — Ah ! comme Henri a navré ce pauvre cœur ! »

Madame de Nevers, que ma disgrâce avait

refroidie de ses caresses coutumières, me baisa du bout des lèvres à la départie, quand M. d'Estrées lui dit au passage :

« Madame, vous qui, par votre naissance et votre rang, êtes des premières à la cour, je vous charge de mes pleins pouvoirs pour marier ma belle Gabrielle.

» — Oui, fit-elle par malice, M. de Guise, qui cherche femme ?

» — Nenni, madame, me récriai-je, M. de Guise, avec tous ses trésors et son nez camus, ne me tenterait point ; mais je résigne ma main au plus mince gentilhomme de Picardie.

» — Deux filles de ma femme, reprit M. d'Estrées, ont des maris ligueurs, et je n'en veux davantage en ma famille.

» — Sur ma foi ! dit madame de Nevers, je sais une union à votre convenance.

» — Saint Antoine ! répondit mon père, j'en suis content si ce n'est de la sainte Union.

» — Vous souhaitez-vous marier, ma chère sœur ? s'enquit Diane perfidement.

» — Certes, dis-je; il ne me chaut avec qui, pourvu que la noce se fasse.

» — Demain, si bon vous semble, repartit madame de Nevers; car un gentilhomme de mes amis est fort en peine d'une femme.

» — Madame, ajouta ma sœur Diane, du temps que j'étais en votre château de Nesle, je vis M. de Liancourt : le beau parti que ce serait pour ma sœur!

» — Vous êtes mon aînée, fis-je; que ne le prenez-vous?

» — M. Nicolas d'Amerval, sieur de Liancourt, gouverneur de Chauny! s'informa M. d'Estrées; il est d'antique noblesse picarde, et sans l'avoir onc vu, c'est le mari que je souhaite à ma belle Gabrielle.

» — Madame, repris-je, vous qui allez sans doute à Chauny, dépêchez-moi mon futur.

» — N'êtes-vous curieuse, dit-elle, de connaître sa portraiture?

» — Pourquoi ? j'aurai tout le loisir de le voir après la cérémonie. »

Madame de Nevers riant de ma folie recontinua sa route, formant des vœux pour que cet hyménée poussât des rejetons. Diane aurait moqué davantage si elle eût pensé que ce n'était pas un jeu. Je ne parus moins tranquille jusqu'au lendemain, que, suivant l'entremise de madame de Nevers, arriva M. de Liancourt, lequel je n'avais jamais vu et que je me passerai de voir, s'il se peut, avant le jugement des âmes.

Ledit sieur de Liancourt est quasi frère jumeau de maître Guillaume, à l'esprit et bon sens près : face de singe grimaçant, montrant les dents sans mordre, petit corps sur grandes jambes, grosse tête et longs bras. Quand par la verrière je l'aperçus descendre de cheval, le courage me faillit et je pleurai abondamment; mais venant à songer au déplaisir que sentirait le roi d'être quitté pour ce vilain singe, je me déterminai de plus belle. M. d'Estrées vint à ma rencontre, encore ébahi de l'air de son nouveau gendre.

« Ma chère fille, dit-il, M. de Liancourt est singulièrement laid ; mais il n'importe guère qu'un mari soit des plus beaux et des mieux faits.

» — Monsieur mon père, répondis-je, il s'agit que le mariage vous convienne; car fût-il cent fois pire, il me conviendrait mieux encore.

» — Soit; mais par saint Antoine de Cœuvres! ta sœur Angélique, laquelle a épousé un couvent, n'aura fait action si méritoire. »

M. de Liancourt, qui parmi tous ses agréments péchait par faute d'orgueil, me trouva plus belle et avenante que je ne le trouvai laid et déplaisant. Il avait la parole empêchée d'un bégaiement perpétuel, et l'esprit plus simplet que le Berger dans *l'Avocat Patelin*. Je crains que ce qui fut vérité de ce temps-là le soit toujours; ainsi monsieur mon mari n'a pas changé des pieds à la tête.

« Madame, dit-il d'une voix pareille au vagissement d'un marmot, je suis tellement laid et difforme, que je n'ose me fier à ce que m'a dit madame de Nevers.

» — Par Dieu! reprit M. d'Estrées, j'en sais, monsieur, de plus laids qui ne sont gentilshommes et gouverneurs comme vous êtes.

» — Monsieur, repartis-je, excusez-moi d'être trop vraie pour nier votre laideur, mais nonobstant je vous offre de m'épouser.

» — Madame, cet excès de votre bonté me rend tout perplexe; or tâchez que le mariage soit tôt, de peur que vous y renonciez par trop me regarder, d'autant que je suis bien laid.

» — Aujourd'hui, monsieur, je suis vôtre légitimement; toutefois pour ne vous point abuser, sachez de ma propre bouche que je fus tendrement aimée du roi Henri.

» — Ma chère dame, le roi honore ce qu'il touche, et je suis si laid que je n'étais point digne de succéder à Sa Majesté.

» — Monsieur, interrompit M. d'Estrées, ma fille Gabrielle raille; le roi, en galant serviteur des dames, était fort épris d'elle, et baisers, propos d'amour, serments, ce ne sont pas offenses à l'honneur d'une pucelle.

» — Monsieur, persista M. de Liancourt, je m'estime trop heureux d'être votre gendre, et vous prie de mander le pronotaire et le prêtre.

» — Monsieur mon fils l'évêque de Noyon,

dit mon père, dira la messe de mariage en la chapelle de mon gouvernement.

» — Monsieur, ajoutai-je, ma parole est donnée et reçue ; mais qu'on se hâte.

» — Midi sonnant, répondit M. d'Estrées, tu seras madame de Liancourt.

» — Je voudrais jà que tout fût fait. »

Le sacrifice consommé, la joie de M. de Liancourt fit croître d'autant mon deuil, et mes yeux jetèrent deux fontaines de pleurs.

« Madame, ce dit monsieur mon mari, de fait je suis bien laid, mais je ne veux vous épouser de contrainte.

» — Monsieur, repartis-je avec des plaintes réitérées, j'ai cette alliance à cœur par-dessus tout : c'est affaire conclue, et honte à qui se dédira. »

Mon courage tourna en découragement, et là je m'évanouis, non pour un long temps, car M. d'Estrées, apitoyé de ma constance, me dit à l'oreille :

« Gabrielle, renvoie les noces à la semaine des trois carêmes, et je serai de loisir pour élire un meilleur gendre, d'air et de visage préférable, sinon de naissance et de fortune.

» — Nenni : M. de Liancourt est tel qu'il me plaît, et ces faiblesses qui me prennent n'ont autre cause que d'avoir jeûné à ce matin, afin de rendre le ciel propice à mes souhaits. »

Sans plus de paroles, feignant de sourire à M. de Liancourt, j'allai en ma chambre m'accommoder en mariée ; et sitôt seule, j'entrai en un si violent désespoir que c'était pitié ; j'arrachais mes cheveux, meurtrissais ma poitrine, déchirais mes vêtements, larmoyais, soupirais, gémissais, et faisais mille désolations.

« Madame, dit la Rousse fort triste de me voir en cet état, vous êtes à vous repentir à l'avance de ce fou dessein, combien plus sera-ce après ?

» — Vraiment, la Rousse, ce n'est pour mon contentement que je me marie, mais pour la grande douleur du roi.

» — Madame, que si le roi Henri vous aime encore, de ce vous pâtirez non moins que lui ;

au contraire vous pâtirez seule, en cas qu'il ne vous aime plus.

» — Çà, la Rousse, emploie tes mains à me faire laide, si possible est, afin que monsieur mon mari en paraisse mieux fait.

» — Ah, madame! les pleurs et la peine auront avant peu flétri cette beauté qui attira MM. de Bellegarde, d'Aumale, de Longueville et Sa Majesté.

» — La Rousse, à l'heure de midi je serai madame de Liancourt. »

Cette pensée perça mon cœur de dards mortels, et les larmes, sanglots, crieries, allèrent en recommençant. Ce pendant la Rousse, fille adroite et experte à parer une femme, avait réussi à me rendre si charmante, que, me regardant au miroir, je fus en fantaisie de déranger toute cette ordonnance; mais je m'en abstins, et déchargeai ma maussaderie dessus le miroir, qui fut brisé en pièces.

Le contrat et la chapelle étant prêts, appuyée au bras de monsieur mon père, je vins signer le parchemin, comme ferait un coupable sa condamnation. Je n'adressai à quiconque un mot ou regard; je ne répondis que par signes aux propos de l'époux et des assistants. Voici qu'on avertit d'aller à l'église, où devant Dieu se consacre le mariage. Cette épreuve à passer, comme si ce fût un sacrilége, m'emplit d'une grosse épouvante; mes yeux s'ennuagèrent; sein de s'enfler, jambes de plier dessous mon corps; des frissons et de froides sueurs me saisirent de partout, et je restai quasi droite et raide comme une statue. Au même temps arrivait madame de Sourdis exprès pour la cérémonie, dont elle n'avait eu le doute. Elle recula trois pas en arrière de stupéfaction. « Madame, dis-je m'efforçant à ma résolution, vous étiez conviée à mes noces; merci d'être venue.» Après quoi je suivis ma voie, et M. d'Estrées m'ayant menée par la main à l'autel (pour abréger ce fâcheux ressouvenir), je fus faite épouse de M. de Liancourt malgré moi et malgré tout. M. Annibal, mon frère, qui disait la messe, avait des larmes dedans les yeux, moins de mon malheur que de son chapeau de cardinal devenu fumée. Ma sœur Diane avait le rire à la bouche et au fond du cœur. Ma tante de Sourdis n'était pas si contrite qu'elle en faisait le semblant. Enfin la messe durant, M. de Liancourt, que je comparais aux petits monstres hideux des chandeliers du maître-autel, était le roi de la fête, le triomphateur au Capitole. Quant à moi, madame Iphigénie devant être immolée à Diane en Aulide, n'avait le teint plus blême et la contenance plus désespérée que je n'avais pour lors. Le prêtre officiant me demanda si de bon gré je consentais de prendre pour époux noble homme Nicolas d'Amerval, sieur de Liancourt. Je gardai un temps le silence, voulant dire *non*, et n'osant dire *oui*. Enfin ce mot si doux et si funeste selon l'occurrence étant prononcé par moi, si faiblement qu'on l'entendît à peine, tout-à-coup derrière, une grosse voix reprit: *Non*! Et venant à regarder qui ce fût, j'avisai le Maheutre debout et une lettre en main. J'étais à cette heure madame de Liancourt! Un flux d'imaginations fantasques roula en mon cerveau, et tombant dessus la pierre, je perdis l'haleine, la voix, le mouvement, comme si je fusse morte. Cette pâmoison dura plus qu'une heure, et je m'éveillai couchée en mon lit.

« Ma chère tante, dis-je à madame de Sourdis plantée à mon chevet, que s'est-il donc passé ?

» — Gabrielle, vous êtes malveillante ou insensée, repartit ma tante ; vos parents et amis, à cause de votre folle alliance, sont boutés hors de la route de fortune, et vous aussi, pour avoir si grièvement offensé le roi.

» — Comment ! madame, Henri a bien affaire de ma personne, puisque entre nous il n'y a désormais d'amour que de mon côté !

» — Quelle erreur vous tient ! Le roi vous aime plus qu'il ne vous aima.

» — Vous ignorez, madame, la découverte qu'il fit de Bellegarde en ma chambre, et son injuste tempête à cet objet.

» — Ma fille, vous me conterez ceci tout au long ; car je n'en sais que le plus gros ; mais je vous jure que le roi vous chérit toujours, ce m'écrit M. de Cheverny, et il maudit le duc de Parme qui le tient en haleine devers Caudebec.

» — Vrai Dieu! madame, que ne parliez-vous? ce mariage de dépit n'eût pas eu lieu.

» — Par les sceaux! ma chère, je fus tout éblouie de vous voir de noces, et la pensée comme la parole m'a failli à ce coup.

» — Madame, vous seule êtes cause et sujet de ce qui est advenu!

» — Ma nièce, ne dites point cela, car le roi est assez amoureux pour vous croire.

» — Si le roi m'aime encore, je suis bien misérable. »

A ce propos je me rappelai confusément l'apparition du Maheutre en la chapelle, et je m'enquis de ce qu'il venait faire.

« Porter une lettre de Sa Majesté, dit madame de Sourdis.

» — Baillez-moi cette lettre.

» — La voici.

» — Et le Maheutre?

» — Ayant pénétré en la chapelle, la messe finissant, ce m'a dit la Rousse, il a jeté son message à terre, et s'est enfui à triple éperons.

» — Oui-dà! ma tante, ce courrier du roi se trouvant en la maison de Dieu n'a-t-il point proféré quelques mots?

» — Ce seraient donc les premiers, car le Maheutre fut muet jusqu'à présent. »

Ainsi le *non* dit à grosse voix qui m'avait bouté la mort en l'âme n'était qu'un monstre de mon imagination, et je me désistai de croire à ce fantôme des sens : ce me fut un allègement de souffrances, et l'épître subséquente me réconforta entièrement.

«Mon cher coeur,

» Mes torts sont si grands envers vous, que
» le pardon m'a semblé impossible. Je suis bien
» impertinent de soupçonner une si vertueuse
» amie, et la pénitence fut bien rude de vous
» croire infidèle. J'aurais donné ma vie pour une
» absolution, et si quelque bataille se fût enga-
» gée, je me serais offert en hostie volontaire-
» ment à la mort. Au demeurant, convenez

» que sans injustice, d'après les fausses appa-
» rences, tout bon amoureux vous eût mal
» jugée; et après notre adieu, qui fut lamen-
» table pour tous deux, je jurai témérairement
» de ne vous revoir davantage. Mais à peine
» arrivé au camp, j'eus peine mortelle de n'a-
» voir entendu votre justification que vous me
» priâtes d'écouter, et si les affaires de mon
» royaume n'eussent commandé ma présence,
» je serais revenu, vous conjurant d'excuser et
» de m'aimer plus que je ne valais. Donc Belle-
» garde n'étant pas au camp, je ne pus tirer
» d'éclaircissement jusqu'à hier qu'il reparut
» tremblant, je l'avoue; mais non autant que
» moi de vous avoir déplu. Bellegarde, à ma
» requête, n'a rien omis du rendez-vous, de
» ses grands efforts contre votre fidélité, et du
» contrat que j'avais vu sans comprendre. Force
» m'a été d'ajouter foi aux serments de Belle-
» garde, qui d'abord me reprochait de l'avoir
» entraîné en ce piége. Finablement, ce qu'il
» m'a conté de vos refus et débats m'eût as-
» suré de votre amour, si j'en eusse douté. Sur

» ce, ma chère amie, je me prosterne à vos
» pieds pour obtenir ma grâce et absoudre mes
» iniquités. Vous me plaindrez de savoir que je
» suis attaché à la poursuite de MM. de Parme
» et de Mayenne, qui me dénient la bataille;
» je les tiens acculés entre mon armée et la
» Seine qui vers Caudebec est d'assez belle lar-
» geur pour être difficilement passée. Je n'é-
» pargnerai ni temps ni soins. Donc je vous dis-
» suade de revenir à Mantes; car j'irai vous sur-
» prendre en Picardie afin d'implorer le pardon
» duquel j'ai grand besoin pour vivre content.
» Sauf votre permission, je vous baise un mil-
» lion de fois; ce qui sera fort peu pour si
» longue absence; quant aux baisers, ne vous
» en faites faute, j'en ai à tas et à provision.
» Mandez-moi des nouvelles de notre petit fils
» à naître.

» Vôtre à la vie, à la mort. »

H.

Avant que d'avoir lu cette lettre toute confite
en amour, les larmes dont le réservoir n'était

vide encore, commencèrent de pleuvoir dessus le papier.

« Hélas! m'écriai-je, pourquoi ne suis-je défunte et enterrée du jour que je fus blessée d'un coup d'arquebuse à l'entrée du légat!

» — Ma fille, reprit madame de Sourdis, le mal n'est point irréparable, d'autant que le mariage ne se consommera que cette nuit.

» — Fi donc! madame; je livrerais mon corps au bourreau plutôt qu'à cet ours mal léché de Liancourt.

» — C'est bien mon avis, mais il suffira de l'éloigner jusqu'à la venue du roi, qui le reculera de plus de cent lieues.

» — Hélas! quoi que je fasse, je demeurerai dame de Liancourt! »

J'étais à me désespérer quand monsieur mon mari entra savoir comment je me portais; je me pris à le détester comme l'auteur de mes peines.

« Madame, dit-il, faisant une grimace au lieu d'un sourire, êtes-vous mieux rassise? Je vois à votre air que votre émotion a pris fin.

» — Monsieur, repartis-je sans le regarder, je me sens malade à en mourir, et j'ai plus affaire du médecin que d'un époux.

» — Cette chère nièce, reprit madame de Sourdis, a des frissons de fièvre, et la guérison ne peut venir de sitôt.

» — Je suis bien laid, dit M. de Liancourt, mais j'ai hâte d'user des droits de mari.

» — Par mon saint patron! m'écriai-je, quel homme êtes-vous, monsieur, pour m'empêcher de mourir paisible?

» — Madame, se récria monsieur mon mari, ces pamoisons de fiancée ne sont sujets d'inquiétude, et la bienheureuse nuit, comme on dit, leur apportera remède.

» — Monsieur, dit madame de Sourdis, vous ne pousserez point la tyrannie jusqu'à ce degré.

» — Madame, répondit-il, je suis bien laid de fait; mais avant tout je dois terminer la cérémonie du mariage, et tendre à la possession de ma femme.

» — Sur ma vie! monsieur, fis-je à bon droit

colérée, vous n'êtes donc gentilhomme d'agir si brutalement?

» — Madame, persista M. de Liancourt, pourquoi, s'il vous plaît, vous ai-je épousée? »

Je demeurai au lit, et priai la Rousse et madame de Sourdis de me garder de toutes ses entreprises. Il s'en alla tout grondant, et revint avec M. d'Estrées, à qui je sais bon gré d'avoir fait camuse l'intention de ce rustre.

« Monsieur mon beau-père, dit icelui, je vous prie de sommer madame Gabrielle afin qu'elle cède à mes désirs.

» — Saint Antoine de Cœuvres! s'écria M. d'Estrées, me choisissez-vous pour entremetteur?

» — Je suis bien laid, reprit M. de Liancourt, mais il ne s'ensuit point que je doive rester mari de nom tant seulement.

» — Mon cher père, repartis-je, en l'état où vous me voyez, suant la fièvre, ai-je pas raison de demander un répit à M. de Liancourt?

» — M. de Cheverny, dit madame de Sourdis, m'a conté que même chose arriva lorsque madame Marie d'Angleterre, qui avait pour galant Charles Brandon, depuis duc de Suffolk, dut épouser le roi podagre Louis douzième.

» — Enfin, répliquai-je, monsieur d'Estrées, à vous je me recommande pour faire cesser les importunes poursuites de mon mari.

» — Sainte Astrée! s'écria mon père, je n'entends qu'on te moleste en ma maison, et si M. de Liancourt est assez mal appris pour te nuire en rien, je le traiterai non plus comme mon gendre, mais comme un ennemi de ma personne.

» — Ainsi ferai-je, quoique évêque et homme d'église, ajouta M. Annibal mon frère, accouru au bruit.

» —Monsieur, fit malignement Périnet jouant de la baguette, que si vous êtes assez osé pour attenter à madame ma maîtresse, je vous noue l'aiguillette pour toujours.

» — Je suis bien laid, dit M. de Liancourt, mais je me repens d'avoir mis le pied dedans ce repaire de diables en chair et en os. »

De cette sorte je dormis ou du moins je passai la nuit à pleurer sans être incommodée de ce vilain singe. Le lendemain j'étais malade pour de vrai, et des coliques étranges me firent craindre d'avoir trop peu ménagé l'œuvre du roi. Je me levai toutefois, désirant, espérant que mon cher Henri me viendrait secourir en ce danger que courait ma vertu; mais rien ne vint. M. d'Estrées eut avis que le duc de Parme par un pont de bateaux sur la Seine avait fait une belle retraite sous les yeux du roi, qui, fâché de voir sa proie lui échapper toujours, voulait suivre à la piste lesdits fugitifs. Mon espoir s'en alla d'après cette nouvelle; car Henri, occupé à pourchasser le combat, ne pouvait, selon l'apparence, venir à mon aide, surtout si le Maheutre, qui avait des yeux pour voir, sinon une bouche pour parler, avait fait à son maître le rapport de mes épousailles. Madame de Sourdis eut belle à faire pour me consoler; je larmoyais à la journée. M. de Liancourt, à la seconde nuit, ne recommença ses fantaisies de nouveau mari, car il savait que M. d'Estrées avait la patience plus courte que son épée;

mais le deuxième jour après les noces, qui était le dernier de mai, de bon matin, il alla caresser monsieur mon père, lui remontrant qu'il était bien et duement marié, et que ses affaires le réclamaient en son gouvernement de Chauny; ainsi, attendu que j'étais en pleine santé, il le priait de souffrir que je l'accompagnasse. M. d'Estrées n'eut aucune objection contre cette honnête requête, et m'ordonna paternellement de remplir mon devoir à suivre M. de Liancourt en ses foyers domestiques. L'ordre était juste, par malheur; et, quasi découragée, je ne fis aucune résistance; mais je déterminai madame de Sourdis à ne me point abandonner, car j'avais pour certain que M. de Liancourt, enragé d'amour, ne visait qu'à me distraire de mes parents pour avoir meilleur marché de mes refus. Périnet, à qui je fiai mes craintes, repartit : « Ma chère dame, que M. de Liancourt ne se hasarde à vous toucher, voire du bout du doigt, car d'une parole magique j'en ferai un eunuque, à la risée des dames. »

Le chemin fait en carrosse me parut de brève

durée, car il me puait d'arriver au logis de mon tyran, qui jeûna de mon entretien et de mes regards. Les douleurs que je sentais au ventre croissaient aux mouvements de la voiture; je me couchai dès l'arrivée, et ce fut à mon vif déplaisir que je vis s'annihiler le fruit de mes amours avec Henri.

« Ma chère maîtresse, dit Périnet, le petit roi est ajourné, et en ce mal je vois ce bien que d'aventure, il pourrait ressembler à M. de Liancourt.

» — Ah! m'écriai-je, mieux vaut mourir avant être né, pauvre avorton ! car moi, ta mère, j'eusse nié ta naissance. »

A ce moment un bruit de voix par les montées me fit ouvrir l'oreille, et mon cœur ne cessa de battre tumultueusement.

« Sire, disait M. de Liancourt, vous souhaitez voir ma femme?

» — Monsieur, disait le roi, sur votre vie! oubliez ce qui s'est fait à mon insu, et faites que je l'oublie.

» — Mais, sire, le mariage est en bonne

forme, et madame Gabrielle est présentement madame de Liancourt.

» — Ventresaintgris! vous dis-je, Gabrielle n'est point vôtre et ne le sera point.

» — Non, sire! m'écriai-je pleurante de joie, en temps que le roi entrait dedans la chambre avec le docteur Alibour, et me baisait mieux que s'il fût mon mari.

» — Méchante, répétait-il en émoi, quel mal vous me fîtes! Est-il vrai que M. de Liancourt...?

» — Non, sire, non, Henri! dis-je avec maintes accolades.

» — Hippocrate! interrompit Alibour, madame, vous n'êtes pas au lit pour rien, et une fausse couche veut être ménagée.

» — Ma chère âme, dit le roi, notre petit Henri n'est parvenu à bien! votre ventre a de belles promesses pour ne pas tenir.

» — Ce n'est point à M. de Liancourt de réparer le mal qu'il causa, repartit madame de Sourdis

» — Madame, ajouta le bonhomme Alibour,

votre premier médecin remet à neuf mois pour vous accoucher.

» — Hélas! Henri, dis-je douloureusement, le Maheutre vous a sans doute informé que j'étais mariée?

» — Je vous engarderai de l'être davantage, ma chère mignonne, et, de mon autorité, je vous sépare d'avec ce laid museau, d'autant qu'à icelui vous ne fûtes jamais liée.

» — Cent fois trop, mais non tout-à-fait; j'ai vergogne d'avoir tant avancé les choses.

» — Guérissez-vous vite, ma mie, et, ventresaintgris! je suis assez roi pour vous sauver du monstre, comme Persée fit Andromède.

» — Henri, ordonnez de votre humble servante, qui désormais se range dessous vos lois.

» — Aimez-moi comme je vous aime, et le reste sera mon fait.

» — Ah! sire, garderai-je à présent le nom de monsieur mon mari comme perpétuel ressouvenir de ma folie?

» — Oui-dà! vous êtes madame de Liancourt,

et le mari aura nom Nicolas d'Amerval, de peur de vous confondre.

» — Ah! mon cher Henri, à quand n'aurai-je plus trace de madame de Liancourt?

» — A votre premier-né, ma mie, je vous saluerai marquise de Monceaux! »

FIN DU TOME DEUXIÈME.

TABLE DES SOMMAIRES

DU TOME DEUXIÈME.

Chapitre Ier. — C'était le roi. — Finesse de la petite Françoise d'Estrées. — Interprétation. — Résolution de Gabrielle. — Le roi et Bellegarde. — Prédiction de Périnet. — Divination poétique. — Deux vers de Ronsard. — Louison, chambrière de Gabrielle. — Ses ruses. — Le balcon. — Henri IV à genoux. — La ceinture d'épée. — Larcin d'amant. — Devise de Valentine de Milan. — Promesses réciproques. — La lettre de Bellegarde. — Adieux. — Panégyrique de la femme par le mari. — Interruption. — Présence d'esprit de Louison. — La femme forte. — Le grand nez. — Jalousie de Bellegarde. — Justification de Gabrielle. — Promesses réciproques. — Que faire? — Le roi à Saint-Quentin. — Noble refus de Périnet. — Louison désintéressée. — Tentatives de Henri IV. — L'embûche manquée. — Porte close. — Henri IV au château de Cœuvres. — Réception qu'on lui fait. — La toilette d'une femme. — Henri IV dans la chambre de Gabrielle. — Le beau parleur. — Attaque et résistance. — Au feu! — Ruse de Périnet. — Invocation à la médecine. — Nouveaux débats. — Les promesses de mariage. — Les harangueurs. — Le *chevalier bannal*. — Résolution de Gabrielle. — Questions indiscrètes. — Projets. — Les départs . . . . .

Chap. II. — Le *Maheutre*. — Son portrait. — Contes populaires. — Lettre équivoquée de Henri IV. — L'Antechrist et la fin du monde. — Arrivée à Soissons. — Caractère de madame de Sourdis. — Son amant, le chancelier de Cheverny. — Lettre écrite par le chevalier d'Aumale avec son sang. — Mauvais augure. — Les rats. — Les amulettes. — Lettre de Zamet. — Entreprise contre Saint-Denis. — Mort du chevalier d'Aumale. — Le cercueil. — Son enterrement. — Son oraison funèbre. — Grande douleur de femme. — M. André de Brancas, sieur de Villars. — Vœu de célibat. — Mariage de George de Brancas avec Julienne-Hippolyte d'Estrées. — Panégyrique d'une sœur. — L'adresse changée. — Les intrigants. — Insouciance de George de Villars. — Un mari complaisant. — Prédestination. — L'amour aveugle. — Arrivée à Mantes. — Les deux lettres. — Le pigeon et le vautour. — Lettre de Bellegarde. — Reproches. — Lettre du roi. — Actions de grâces. — Débats entre Gabrielle et madame de Sourdis. — M. de Cheverny. — Son portrait burlesque. — Souvenirs chronologiques. — L'histoire ancienne. — L'amant et le mari. — Gratis est mort. — Le pourquoi du siége de Chartres. — Le coin du feu. — L'entretien sans lumière. — Journée des farines. — Absence du roi. — Le flambeau. — Entrevue du roi et de Gabrielle. — Explication. — L'amour et les écus de Zamet. — Quiproquo. — La vertu en danger. — Porte de salut. — La malade. — Le médecin Alibour. — Trait de lumière. — L'ami de la génération. — La loi salique. — Les femmes grosses. — La ville de Chartres investie. — Plus amant que roi. 50

CHAP. III. — Résolution de Gabrielle. — Le fidèle serviteur. — L'habit de page. — Les chevaux de M. de Cheverny. — Quiproquo, faute de lumière. — Un médecin dans le lit de Gabrielle. — Fuite. — Courage et projet. — Mariage des étoiles. — *Qui vive?* — Bellegarde chez madame de Guise. — Révélations indiscrètes. — L'infidèle à l'épreuve. — Oui ou non. — Adieu! — Les onze mille vierges. — Douleur de Gabrielle. — Sorte de consolation. — Où aller? — Une façon d'aimer. — Les courriers. — Lettre de Henri IV. — Amour chevaleresque. — L'entremetteuse. — Gabrielle menacée de mourir pucelle. — Le G et l'H. — Grimoire d'astrologue. — Le chanteur. — *Charmante Gabrielle.* — Le meunier. — Passage des Ligueurs. — Accueil fait au meunier. — Ingratitude. — Caprice de femme. — Récit. — Le roi demande conseil au bouffon. — M. de Rosny écoute aux portes. — Les blessures d'un bon royaliste. — Route et rencontre. — Manière de prendre une ville. — Les gentilshommes au moulin. — Henri IV enfariné. — Larmes de fierté. — L'Amour qui point. — Vous chantez, j'en suis bien aise. — La chanson de Henri IV, et le livre d'Heures. — Tête-à-tête. — La rivale de Gabrielle. — Serment téméraire. — Chassez l'amour, il revient au galop. — Le devoir d'une maîtresse. — La lettre et le messager. — Confession forcée. — Encore mademoiselle de Guise sur le tapis. — Réponse. — Présage tiré d'une lettre brûlée — Les épaules de Rousse. — Les faux meuniers. — Les jupes et l'enseigne. — Adieux du roi 96

CHAP. IV. — Visites du roi. — Façon de se faire aimer. — Douceur et violence. — Le don d'amoureuse merci. — Piteux retour de Rousse. — Brutalité de Bellegarde. — La passion du pauvre Rousse. — Dédommagement. — Mariage de Rousse et de Louison. — Les époux. — Soupçons. — Départ du roi. — Gabrielle ministre d'État. — C'est l'amour ! — Lettre de Bellegarde. — Justification. — Mesdames de Guise. — Les deux soleils. — Marions-nous. — Explication entre le roi et Bellegarde. — Le droit du plus fort. — Tyrannie de Henri IV. — Amour et amitié. — Conclusion. — Pas de réponse. — Les mouches du coche. — Une chance entre mille. — Amour par correspondance. — Madame de Sourdis à Cœuvres. — Lettres perdues. — Prise de Chartres. — M. de La Bourdaisière. — Nouveaux arrivants, entre autres M. de Longueville. — L'avantage du mariage. — Comparaison des deux rivaux. — Les bâtards et les légitimes. — Le cabinet des Archives. — La parole d'honneur. — Le contrat. — Le bon père. — La danse moresque. — Sacrifice de Henri III. — Gabrielle mariée à Bellegarde sans le savoir. — Inquiétudes. — Confidence d'une fille bien-élevée. — La déesse Astrée patronne de la famille d'Estrées. — Le signe de la *Vierge* et le signe de la croix. — Un bon avis. — Vengeance d'un amant heureux. — M. de Longueville et madame d'Humières. — Le roi à Compiègne. — Les demandeurs. — Offre d'un gouvernement. — Le marquis de Menelay. — M. d'Estrées. — Argus. — Tourments de l'absence. 150

CHAP. V. — Maître Guillaume. — Son portrait. — Son habillement. — Lettre du roi. — Recommandation du porteur. — Prise de Louviers. — Le capitaine Marin. — Vengeance d'honneur. — Henri IV à la chasse. — Le pillage et M. de Rosny. — Un coup de hallebarde. — L'apothicaire en belle humeur. — Les drogues. — Abdication de la seringue. — Condamnation des hallebardes. — Le fou du roi. — Affaires politiques et religieuses. — Le pape Grégoire XIV. — Les rois de la Ligue. — Les baise-mains. — Bon sens de maître Guillaume.

— Le rire; le mariage; les proverbes. — La farce de l'*avocat Patelin*. — L'ambition d'un bouffon. — Oracles des fous. — L'un part et l'autre arrive. — Propos d'amants. — Rendre tout le monde content. — Maître Alibour et l'accouchée. — Les importuns. — Siége de Noyon. — Un souvenir pour Bellegarde. — M. d'Estrées fait gouverneur de Noyon. — Le Maheutre amoureux. — C'est un mystère. — Lettre d'un père prudent. — Il faut partir. — La fille obéissante. — Encore le Maheutre. — Paroles consolantes. — Paris en fête. — L'épreuve de l'amour. — Zamet et ses écus. — Le nom de Guise. — M. de Bassompierre. — Mademoiselle d'Entragues. — M. de Guise. — Récit de son évasion du château de Tours. — Un avis de la sainte Vierge. — Projet de fuite. — Les courses. — Basanes. — Les pommes d'Atalante. — Alerte! — Comment on sort de prison. — La bague de M. de Fayolles. — Vengeance de Bussy-Leclerc. — Faction des Seize. — Conseil des Dix. — Sourdes menées. — Le président Brisson. — Hommage à sa mémoire. — La veille de sa mort. — Les cabochiens et les Seize. — Le père Blondel. — Mauvais présages. — Le soldat Lévêque et l'abbé de Sainte-Geneviève. — Aveuglement funeste. — Le rendez-vous. — Mort du président Brisson. — Les gueux. — Les juges et les voleurs. — Zamet au petit Châtelet. — La chambre du conseil. — Les Seize et le bourreau. — Les pendus. — Avarice de Bussy-Leclerc. — Le conseiller Tardif. — Pendaison. — Rançon de Zamet. — Gabrielle se résout à quitter Paris. — *Amante*. — Le fauteuil du roi. — La place de Grève. — Cortége nocturne. — Gabrielle évanouie. — Présence d'esprit de Périnet. — Les cadavres et les écriteaux. — Prophéties. — Exorde pour la défaite d'une femme. — L'assassinat du président Brisson vengé. — Les pendeurs pendus. 200

CHAP. VI. — Arrivée à Mantes. — Souvenez-vous-en. — M. de Cheverny en chemise. — Le temps jadis. — Victoire de Cerisolles. — Anne de Boulen. — La belle Féronnière. — Seconde grossesse de Madame de Brancas, et l'immaculée Conception. — L'amour et l'honneur. — Le chapeau de médecin. — Mensonge officieux. — Le médecin du peuple. — La vérité touchant le chapeau. — Souhait d'un roi. — Chagrin de Henri IV. — Le pouvoir de l'amour. — La maîtresse du roi. — Madame de Nevers. — Les pages et madame de Châteaupers. — M. de Longueville rival de Henri IV. — Déclaration épistolaire. —

Mauvais procédé. — Petite vengeance. — La veille de Noel. — L'amour et la dévotion. — Excommunication lancée par Périnet. — Les Centuries de Nostradamus. — Mars et Vénus. — Dernier effort de pudeur. — Le calviniste en défaut. — Le chancelier et les *sots*. — Maître Ennui. — Projets pour la messe nocturne de Noel. — Clément Marot et Marguerite de Navarre. — L'autre reine Marguerite et Coconnas. — Gabrielle aux abois. — L'amour du temps jadis. — Fleurette. — La mémoire chronologique de M. de Cheverny. — Aventure de la jeunesse d'Henri IV. — Le précepteur La Gaucherie. — Les filles d'honneur de la reine-mère. — Le château de Nérac. — *Plaisirs de la vie rustique.* — Quatrains de Guy-Faur de Pibrac. — Henri à la course. — Les glissades. — La fille du jardinier. — Un premier amour. — Le pédagogue. — Seconde entrevue. — Serment terrible — Deux amants. — Funeste épreuve. — Tentative de suicide. — Henri sauvé. — Épanchement de tendresse. — Le lendemain. — La rose. — Rêver d'eau bourbeuse. — Pressentiment. — Adieu pour toujours. — La morale en quatrains. — La fièvre et le délire. — Un mal pour un bien. — Pauvre Fleurette. — Un avis du ciel. — Fleurette noyée. — Le ciel et la terre. — Différentes impressions. — Le châtiment de La Gaucherie. — Gabrielle et Fleurette. — Noel ! Noel ! 278

Chap. VII. — La séance est levée. — Religion des fous. — Le petit roi à naître. — La foi d'un gentilhomme. — Les péchés. — Tardif repentir. — Henri IV et Gabrielle à la messe de minuit. — Obscurité favorable à l'amour. — Le deuil de Fleurette. — Je vous aime ! — Sacriléges ! — La nuit de Noel. — Le philtre. — Le réveil. — La nouvelle maîtresse d'un roi. — Amour et intérêt. — Invitation à des noces. — Les bouffons courtisans. — Où la jalousie va-t-elle se nicher ! — Le bon apôtre. — M. le comte d'Essex et la Table ronde. — Châtiment d'un fou. — Le soleil levant. — Récompense mystérieuse. — Requête de madame Babou. — Blessure du roi et siége de Rouen. — Gabrielle à Louviers. — Lettre d'avis de M. d'Estrées. — Quel parti prendre ? — Imprudence. — Confidence. — La pierre philosophale. — Rapport du faux page. — Bellegarde viendra. — Extase et rêveries. — Le signal. — Extravagances d'amant. — Gabrielle attendrie. — Écoutez-moi ! — Motif du rendez-vous. — Débats. — Le roi ! — Le contrat. — Le retour inattendu. — Soupçons. — Les apparences. — L'hôte mystérieux du cabinet. — La femme qui a tort. — Henri IV coiffe Bellegarde. — Gare les rhumes! — Le brave Crillon. — Les Heures de Mayenne. — A Noyon! 334

CHAP. VIII.—Premiers moments de colère.—Parole dégagée.— Égide conjugal. — Demande d'un mari. — Accueil du frère et de la sœur. — Vengeance d'une femme, épouser le diable! Visite de madame de Nevers. — Une amie de cour.—Un mari pris au hasard. — M. de Liancourt.—Son arrivée. — Son portrait. — La plus grosse pénitence.—Aveux dépouillés d'artifices. — Mariage conclu. — Les évanouissements.—Le masque et le visage. — Toilette de la mariée.—Le plus beau jour de la vie. — Témoin inattendu. — *Le oui* et le *non*. — Il m'aime encore! — Le message du Mabeutre. — Lettre du roi. — Les battus paient l'amende. — Désespoir de Gabrielle. Obstination du mari. — Le pourquoi du mariage. — Menaces terribles. —La première nuit des noces. — Coliques.—M. de Liancourt enlève madame de Liancourt. — Fausse couche.— Le roi et M. de Liancourt. — Perspicacité d'Alibour. — Autorité d'un roi. — L'accouchée et la marquise de Monceaux. 575

FIN DE LA TABLE DU TOME DEUXIÈME.

www.ingramcontent.com/pod-product-compliance
Lightning Source LLC
Chambersburg PA
CBHW050917230426
43666CB00010B/2217